KB267066

인사 고과 체계에 대한 태도 결정

인사 고과 체계에 대한 태도 결정

김 성 훈 著

한국학술정보[주]

목 차

표 목차

그림 목차

Ⅰ. 서 론

　조직원의 수행에 관한 공정하고 정확한 고과는 과학적 인사 관리의 초석으로 크게는 조직 전체의 효과성에 필수적인 요건이 되고 작게는 조직원 개개인의 행복과 직결되어 있다(김성훈·박동건, 1999; Anderson, 1993). 이러한 기능을 가진 인사 고과는 조직 내에서 다양한 목적으로 빈번하게 실시된다. 인사 고과는 승진이나 급여 등과 같은 인사 결정을 하는 데 필요한 정보를 제공하기도 하고, 직원 개발 목적에서 직원의 수행에 관한 피드백을 제공하는 데에도 유용하게 쓰인다(Miceli, Jung, Near, & Greenberg, 1991). 이처럼 인사 고과는 인적 자원의 관리 및 개발을 위한 다양한 장면에서 인사 관리와 관계된 각종 의사 결정에 필요한 정보를 제공하는 핵심적인 활동으로 간주해도 무리가 없을 것이다(Cascio & Bernardin, 1981; Carson, Cardy, & Dobbins, 1991; Judge & Ferris, 1993). 이처럼 조직에서 인사 고과가 지니는 기능이 크고 다양함으로 인해서 많은 산업심리학자들의 연구 주제가 되어 온 것도 사실이다(Bernardin, 1986; Cleveland, Murphy, & Williams, 1989; Murphy & Cleveland, 1995).

　인사 고과에 관한 이제까지의 연구는 크게 두 가지 부류로 나누어질 수 있다. 그 하나는 인사 고과 시 개입되는 평가 오류 및 그 대안들에 관한 연구 부류이고 다른 하나는 인사 고과 체계에 대한 직원의 반응(공정성 지각, 수용도 지각, 만족도 지각 등)에

12

관한 연구 부류일 것이다.

이와 같은 두 가지 주요 연구 주제는 사실상 어느 것이 더 중요한 주제라고 단정 지어서 말하기 힘든 면이 있어서 고루 연구가 이루어져야 한다. 그러나 아쉽게도 기존의 인사 고과 관련 연구들은 주로 첫 번째 주제 즉 인사 고과 시 이루어지는 주관적 평가 과정의 오류 및 이러한 오류를 줄이기 위한 방법들에 관한 연구에 다소 편향적인 주의와 노력을 기울여 왔다(Ilgen & Feldman, 1983; Lord & Maher, 1991; Bretz, Milkovich, & Read, 1992).

이와 같은 연구 주제의 편향성은 Bretz와 Milkovich, 및 Read (1992)의 문헌 연구를 통해서도 확인할 수 있다. 이들은 대표적인 사회 과학 전문 데이터베이스인 ABI/Inform에 1985년에서 1990년까지 등재된 인사 고과 관련 문헌들을 검색한 결과 분명하게 고과의 심리 측정적(psychometric) 측면에 관한 연구의 비중이 매우 크다는 점을 확인했다. 이들의 분석에 의하면 전체 문헌 중 약 55.9%에 해당하는 132건의 연구가 고과의 심리 측정적 측면과 관계된 주제에 관한 것이었다(**부록 4 참조**). 여기에 포함되는 연구 주제로는 평가의 정확성, 평가 형식, 평가의 정보 처리 과정 등이 있었다.

인사 고과 시 이루어지는 평정의 신뢰도와 타당도(Jacobs, Kafry, & Zedeck, 1980; Landy & Farr, 1980)에 관한 문제는 그중에서도 가장 각광받은 연구 주제였다. 이들의 연구 결과에 따르면, (a) 성별, 인종, 연령 혹은 교육 수준과 같은 평가자와 피평가자의 인구 통계적 특성, (b) 지능이나 인지적 복잡성과 같은 심리적 특성, (c) 평정 형식(BARS: Behaviorally anchored rating scale, BOS: Behavior observation scale, Graphic rating scale), (d) 고과 차원(특질, 결과, 행동 등), (e) 고과의 목적 및 평가 결과의 용도(관리, 개발, 연구용 등), (f) 고과자 훈련, 평가 결과의 공개 여부 등 평가 과정에 관한 변인들 그리고 (g) 관대화 효과, 후광 효과, 중심 집중 경향, 차별적 정확성 등과 같은 평가 관련 오류의 통제 여부 등이 인사 고과의 효과성 내지 정확성에 영향을 주는 요소들인 것으로 확인되기도 했다.

인사 고과는 본질상 고과자의 주관이 개입할 소지가 크므로 각종 의도적 혹은 비의도적 편파에 취약하다는 점이 상식적으로 인정되고 있다. 이런 이유에서 기존의 많은 인사 고과 관련 연구들은 인사 고과의 본질을 흐리지 않는 범위에서 각종 편파 요인을 줄여 줌으로써 인사 고과 결과의 질을 개선시키는 방안을 찾아보려는 시도였다고 볼 수 있다. 그러나 이런 연구들이 보여주는 일반적인 결과들은 다소 산만하고 일관성이 결여되어 있는 양상이었다. 예를 들어 일부 연구 결과를 보면, 대부분의 고과자 혹은 피고과자의 특성은 고과 결과에 그다지 큰 영향을 주지 않는 것으로 확인되기도 했다(Landy & Farr, 1980). 물론 기타 심리적인 변인들도 이와 유사했다. 인지적 복잡성(cognitive complexity)과 같이 예외적인 경우가 있기는 해도, 이제까지 축적된 연구 결과들에 따르면 상식적으로 효과가 인정되고 있는 여러 가지 심리적 변인들도 인사 고과 결과에 의미 있는 영향을 주지 못한다는 점이 확인되기도 했다(Bernardin & Boetcher, 1978; Bernardin

14

& Cardy, 1981; Borman, 1979; Sauser & Pond, 1981).

이 밖에도 고과자 훈련의 효과성을 입증하는 연구들도 많았다 (Bernardin & Walter, 1977; Bernardin & Pence, 1980). 그러나 동시에 일부 연구에서는 고과자를 대상으로 한 별도의 훈련이 수행 평가의 오차를 언제나 줄여주는 것은 아니라는 결과가 나오기도 했다(Hedge, 1982).

이와 같은 난맥상에도 불구하고 이제까지 인사 고과 관련 주제에 관심을 가졌던 많은 연구자들이 인사 고과의 오류와 같은 심리 측정적 연구 주제에서 크게 벗어나지 못했던 데에는 DeCotiis와 Petit(1978)가 지적한 대로 중요한 이유가 있다. 이들의 말을 인용하면 아래와 같다.

> "……많은 연구들이 계속해서 새로운 고과 도구의 개발과 관련된 주제들에 집착하는 이유는 연구자들이 인사 고과와 관련한 중요한 대부분의 문제들이 기존의 고과 도구를 새로운 것으로 바꾸거나 개선시키기만 하면 해결되는 것으로 생각하고 있기 때문이다. 그러나 이제까지의 인사 고과 연구들이 고과 도구의 심리 측정적인 문제들에 배타적으로 주의를 집중함으로써 어떻게 보면 고과 도구보다 더욱 중요한 어떤 다른 문제들 혹은 다른 변인들의 효과에 관한 관심이 거의 이루어지지 못하게 만드는 결과를 낳았다고 볼 수 있을 것이다.(p.644)"

간단히 말해서 이제까지 이루어진 대부분의 인사 고과 관련 연구들은 고과 도구를 개선시키거나 고과자의 고과 오류를 최소화시킬 수 있는 이상적인 고과 전략을 탐색하는 데 주요 목표를 두고 있었다. 이로 인한 반대 급부로보다 거시적인 측면 이를테면, 인사 고과 체계 수용도나 인사 고과 체계의 효과성 내지는 공정성의 결정 과정 등과 같은 인사 고과에 대한 직원의 태도 영역에 관한 연구는 상대적으로 부실해지게 되었던 것이다(Kane & Lawler, 1979; Sashkin, 1981; Tziner & Murphy, 1999).

이제까지 주로 연구되어 온 영역인 인사 고과의 심리 측정적 문제 역시 중요한 것이기는 하다. 그러나 현행 인사 고과 체계가 모두에게 받아들여질 만큼 심리 측정적으로 우수하다는 증거는 필요하기는 하지만, 그 증거가 인사 고과 체계의 수용이나 지속적인 사용을 담보하기 위한 충분조건은 될 수 없는 것이다. 즉 효과적인 인사 고과 체계를 만들어 운영해 나가기 위해서는 각종 평가 오류로부터 자유로운 정확한 평가 도구를 마련하는 일뿐만 아니라 고과 체계의 활용 목적, 고과 체계의 개발과 운용, 고과 체계의 내용과 과정에 관한 문제, 그리고 고과 체계의 수용도 등과 같은 다양한 측면들에 대한 면밀한 검토도 아울러 이루어져야 하는 것이다. 즉 이렇게 다양한 요인들을 종합적으로 고려한 뒤에야 비로소 고과 체계가 추구하는 고유의 목적 - 그것이 관리 목적이든 개발 목적이든지 간에 - 을 충실히 실현할 수 있게 되는 것이다.

상기한 인사 고과 체계의 효과성이라 함은 인사 고과가 과연 직원의 수행 수준을 측정하여 직원에 대한 처우를 결정하는 데 얼마나 유용한 도구가 될 수 있는가에 관한 것이다(Balzer & Sulsky, 1990; 1992). Cascio(1987)가 지적한 바대로 인사 고과 체계의 효과성이라는 개념은 다차원적인 구성 개념이므로 여러

16

가지 하위 준거들에 대한 측정을 통해 간접적으로 추론할 수 있는 것이다. 이와 유사한 맥락에서 Cardy와 Dobbins(1994)는 인사 고과의 효과성이라는 것이 고과자 오류, 고과 정확성, 그리고 인사 고과에 대한 태도와 같은 심리적 혹은 질적인(qualitative) 측면들로 구성된 것이라고 지적하기도 했다. 나아가 이들은 이 세 가지 효과성의 구성 요소들이 서로 유의미한 상관관계를 가지고 있는 것으로 볼 수 없고, 심지어 어떤 경우에는 서로 상치되는 양상을 보이기도 한다고 주장했다. 그런데 이제까지는 이 세 가지 구성 요소를 따로 떼어서 연구하는 것이 일반적이었고, 이 전체를 통합적인 관점에서 접근하는 방법을 택하지 않아 왔다.

이 세 가지 구성 요소는 모두 중요도 면에서 서로 차이가 나지 않는 것으로 인정되고 있지만, 앞서 밝혔듯이 인사 고과에 관한 이제까지의 연구들은 주로 고과 체계 효과성에 관한 심리 측정적 측면 - 이를테면, 고과자 오류나 고과의 정확성 등 - 에 대해서만 배타적으로 초점을 두어 왔던 것이 사실이었다(Becker & Cardy, 1986). 결과적으로 앞서 언급한 또 다른 중요한 측면 즉 심리적 혹은 질적인 준거라고 볼 수 있는 인사 고과에 대한 직원들의 '반응' 혹은 이러한 반응에 영향을 주는 '결정 요소'들에 대한 연구는 그다지 활발하게 진행되어 오지 못했던 것이다(McEvoy & Buller, 1987; Cardy & Dobbins, 1994; Murphy & Cleveland, 1995). 이런 상황에서 Murphy와 Cleveland(1995)는 이제라도 많은 연구자들이 인사 고과 체계의 효과성을 평가하는 가장 중요한 준거가 될 수 있음에도 불구하고 무시되어 왔던 중요한 변인들 즉 인사 고과 체계 효과성의 질적인(qualitative) 준거에 대해 관심을 가질 것을 촉구하게 되었다(Austin & Villanova, 1992). 사실 인사 고과 체계에 대한 직원들의 반응과 같은 질적인 측면이 각종 고과 오류나 정확성 준거들 못지않게 인사 고과 체계의 성공과 효과성을 가늠하는 중요한 준거로 간주되어야 함은 상기한 연구자들의 주장뿐만 아니라 많은 일선 실무자들의 요구들 속에서 확인할 수 있다. 나아가서 Bernardin과 Beatty(1984)는 직원의 반응과 같은 질적인 준거가 여타의 심리 측정적인 고과 체계의 특성 - 이를테면, 관대화 경향이나 후광 효과 등 - 보다도 인사 고과 체계의 성공과 실패를 결정하는 데 더 큰 기여를 할 것이라고 주장하기도 했다. 결국 제 아무리 기술적으로 정교하고, 정확한 인사 고과 체계를 마련한다고 해도 그 제도를 활용하는 수용자 즉 직원들에 의해서 심리적으로 받아들여지지 않는다면 제도의 효과성은 그만큼 결정적인 제한을 받을 수밖에 없다는 점이 여러 학자들에 의해서 지적되어 왔던 것이다(Lawler, 1967; Carroll & Schneier, 1982; Latham, Skarlick, Irvine, & Siegel, 1993; Cardy & Dobbins, 1994; Murphy & Cleveland, 1995). 이에 더해서 Hedge와 Borman(1995)은 지금처럼 인사 고과 체계가 나날이 발전해 나가는 상황에서는 그 어느 때보다도 고과 체계 자체가 직원들에게 받아들여지고 또 지지를 받아낼 수 있는가에 관한 문제가 더 큰 비중을 가지게 된다고 지적하기도 했다.

이처럼 인사 고과 체계의 효과성을 가늠하는 질적인 준거(qualitative or soft criteria)로는 1) 반응의 준거(reaction criteria), 2) 실용성의 준거(practicality criteria), 3) 의사 결정의 준거(decision process criteria) 등이 거론된다(Murphy & Cleveland, 1991). '반응'의 준거는 말 그대로 인사 고과 체계나 과정에 대한 직원들의 반응 및 태도에 관한 것이고, '실용성' 준거는 사용자들이 얼마나 편리하고 어려움 없이 사용할 수 있는가의 문제에 관한 것이다. 이를테면, 어떤 인사 고과 체계가 정확한 고과를 위한 필요조건으로 장기간의 고과자 훈련을 요구하거나 혹은 일상 업무의 재조정 내지는 개편 작업 등의 복잡한 요건을 충족시켜야 한다면 공정성 여부를 떠나서 실용적이지 않다는 이유로 거부당할 것이라는 점에서 '실용성'의 준거는 중요하게 간주되어야 한다. 그리고 '의사 결정'의 준거는 인사 고과 결과가 실제적인 인적 자원 관리를 위한 각종 의사 결정 과정에 기여할 수 있는가의 문제에 관한 것이다. 이 중에서 본 연구의 주제이면서 이제까지 많은 연구자들의 관심을 받아온 준거는 역시 '반응'의 준거라고 볼 수 있으며, 이 '반응'의 준거와 관계된 핵심 변인들로는 인사 고과 체계의 수용도(acceptability), 인사 고과 공정성(fairness), 그리고 인사 고과 만족도(satisfaction) 등이 있다.

상기한 바대로 적어도 이제까지는 인사 고과 체계 효과성에 관한 질적인 준거에 대한 관심이 상대적으로 부족했음에도 불구하고, 다행스러운 것은 최근 들어 발표된 몇몇 연구에서는 인사 고과 체계에 대한 직원들의 태도 내지는 반응에 영향을 주는 여러 가지 인사 고과 관련 특성들에 대해서 진지하게 접근하고 있다는 점이다.(Silverman & Wexley, 1984; Evans & McShane, 1988;

Pooyan & Eberhart, 1989; Dobbins, Cardy & Platz-Vieno, 1990; Longenecker & Goff, 1992; Klein & Snell, 1994).

이런 상황에서 본 연구는 일차적으로 고과 체계에 대한 직원들의 태도가 결정되는 과정에 관한 인과적 모형을 개발하는 데 목적을 두고 있다(**연구 II**). 이를 위해 먼저 기존 연구들을 통해서 태도 결정의 효과가 부분적으로 검증되어 온 다양한 고과 태도 결정 요소들에 대한 직원의 인식을 진단할 수 있는 척도를 개발할 것이다(**연구 I**). 끝으로, 연구 II를 통해 개발된 이론적 모형이 실무적인 유용성이 있는지에 관해서 경험적으로 검증하기 위해 연구 III을 진행할 것이다. 이런 목적에서 연구 III에서는 전체 표본을 특성이 전혀 다른 두 가지 표본-사기업 표본과 정부 기관 표본-으로 분할하여, 각 표본에서의 모형 부합도와 경로계수를 살펴볼 것이다(연구 III). 이와 같은 세 가지 연구의 관계를 도식화시켜 보면 아래와 같다.

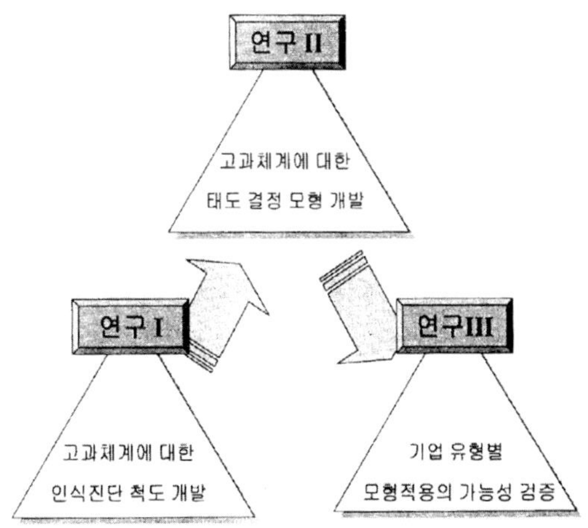

인사 고과 체계에 대한 직원의 태도가 결정되는 과정에 관한 모형이 개발된다면, 새롭게 인사 고과 체계를 개발하려는 조직이나 아니면 기존의 고과 제도를 개선하려는 조직에게 실무적인 차원에서도 큰 도움을 줄 수 있을 것이다. 즉 직원들이 마음으로 받아들이고, 또 공정하다는 생각을 가질 수 있는 인사 고과 제도는 어떤 특성을 가져야 하는가에 관한 아이디어를 만들어내는 데 귀한 정보를 제공할 수 있을 것으로 생각한다.

Ⅱ. 인사 고과 체계에 대한 인식 진단 척도 개발(연구 Ⅰ)

본 연구 Ⅰ의 일차적인 목적은 인사 고과 체계와 그 운영 방식에 대한 직원들의 인식을 측정해낼 수 있는 진단도구를 만들기 위한 것이었다.

1. 인사 고과에 대한 태도와 관계된 요소들

인사 고과 체계에 대한 인식 진단 척도를 만들기 위해 먼저 인사 고과에 대한 직원들의 태도에 관한 기존 연구들에서 확인된 결과들을 정리해 보았다.

우선 인사 고과에 대한 태도와 관계된 요소들은 크게 6가지의 변인 군을 중심으로 정리해 볼 수 있다. 첫 번째는 인사 고과 시스템 특성 변인 군이다. 여기에 속하는 변인 즉 결정 요소들은 조직에서 최초에 인사 고과 체계를 설계할 당시 제도적으로 구현하고자 했던 제반 특성들이라고 볼 수 있을 것이다. 여기에는 구체적으로 고과 빈도, 고과 결과의 활용 목적(관리 vs. 개발), 이의 제기 절차, 고과 차원의 적절성 내지 직무 관련성, 체계 개발 과정에의 직원의 참여, 실제 수행과 고과 연계, 고과와 보상의 연계, 경영진의 몰입(인사 고과 체계의 효과적인 운영을 위한 회사의 노력 정도), 공식적 인사 고과 세션의 유무, 고과자 훈련 등이 포함되어 있다. 다음은 인사 고과 과정 특성 변인 군이다. 여기에는 인사 고과를 실제로 실시하는 과정에서 나타나는 특성들에 관한 결정 요소들이 포함되어 있다. 앞의 인사 고과 시스템 특성 변인 군은 이미 고과 체계 개발 당시에 결정이 되는 특성들인 반면 인사 고과 과정 특성 변인들은 실제로 인사 고과를 실시할 때 비체계적으로 결과에 영향을 주게 되는 영향 요소들을 포함하고 있다. 구체적으로 피드백-목표 설정의 현실성, 상사에 대한 신뢰(상사의 고과 기술과 동기에 관한 신뢰), 상사와 부하의 평소 관계, 그리고 증거에 의한 고과 여부 등이 포함된다.

세 번째는 인사 고과 체계에 대한 태도 변인 군이다. 이는 말 그대로 인사 고과 체계에 대한 직원들의 반응 내지는 태도에 관한 측정 변인들이다. "고과 공정성", "고과 수용도", "고과 정확성", 그리고 "고과 만족도" 등이 여기에 포함된다.

네 번째는 조직 특성 변인 군이다. 이는 직원들의 태도에 영향을 줄 수 있지만, 인사 고과 체계 자체의 특성이라고 볼 수 없는 조직의 특성들을 말한다. 여기에 포함되는 변인들로는 조직 풍토(Organizational climate), 조직 문화(Organizational culture) 등이 포함될 수 있다(Farh, Dobbins, & Cheng, 1991; Yu & Murphy, 1993).

다섯 번째는 개인차 변인 군이다. 이 부분은 많은 연구에서 태도에 대한 결정 요소들의 효과를 검증할 때 통제 변인(control variables)으로 삼아 분석 과정에 포함되었던 변인들이다. 여기에는 성별이나 연령, 직급, 재직 기간, 개인 성향 등이 포함된다.

마지막으로 직무 태도 및 행동 변인 군이 있다. 이는 직무 관련 종속 변인들로서 본 개념적 모형에서는 직원들이 인사 고과 체계에 대해서 가지고 있는 태도가 궁극적으로 실제 직무 수행 장면에 반영될 경우 영향을 줄 것으로 예상되는 변인들이다. 여기에는 조직 몰입, 이직 의도, 직무 만족, 직무 동기 등이 포함될 수 있다.

이처럼 인사 고과 체계에 대한 직원들의 태도에 영향을 줄 수 있는 변인들을 분류하는 틀은 일찍이 다른 연구자들에 의해서 시도된 바가 있기는 했다. 구체적으로 Giles와 Findley, 및 Feild(1997) 등은 인사 고과가 이루어지는 전반적 과정을 고려한 절차적 공정성 연구가 필요하다고 지적하면서, 실제 피고과자와 고과자가 만나서 고과가 이루어지는 고과 면접 과정(review session)과 관계된 변인, 이를테면 참여, 이원적 커뮤니케이션, 목표 설정 등뿐만 아니라, 인사 고과가 이루어지는 전반적인 절차 즉 인사 고과의 인프라가 지닌 특성들에 대해서도 충분히 검토해야 한다고 주장했다. 이러한 인사 고과 인프라와 관계된 변인들로는 고과자 훈련(Dobbins, Cardy, & Platz-Viens, 1990), 고과 시스템 개발 과정에의 참여(Silverman & Wexley, 1984), 그리고 인사 고과 체계의 복잡성(Giles & Mossholder 1990) 등이 있다고 했다. 이와 같은 변인들을 Giles와 Mossholder(1990)는 "시스템 맥락 변인(system context variables)"라고 불렀고, Murphy와 Cleveland(1991)는 "인사 고과 체계 특성(appraisal system features)"라고 부르기도 했다. 이러한 객관적인 특질 이외에도 인사 고과가 이루어지는 맥락 속에는 공식적인 고과 과정 밖에서 일어나는 고과자와 피고과

24

자의 상호작용과 같은 '대인 관계 특질'(Fulk, Brief, & Barr, 1985; Villanova & Bernardin, 1989; Nathan, Mohrman, & Milliman, 1991; Wayne & Kacmar, 1991; Robbins & DeNisi, 1994), 혹은 '사회적 맥락'(Judge & Ferris, 1993)도 중요하다고 주장했다. 유사한 맥락에서 Dickinson(1993)도 인사 고과 시스템에 대한 태도 모형을 제안하면서, 인사 고과 시스템 특성, 개인차 변인, 조직 특성 변인, 그리고 태도 변인들로 구분하기도 했다.

대상에 대한 사람들의 태도는 대상에 의해서 달라지기도 하지만 상당 부분 태도 형성의 당사자 즉 직원 각자의 성향과 관련한 개인적 특질에 의해서 영향을 받을 수도 있는 것이다(Borman, 1983; Murphy, 1996). 인사 고과 체계에 대한 태도와 관련해서 이 개인차 변인들의 효과를 경험적으로 탐색한 연구는 없는 것으로 보인다. 따라서 개인차 변인의 효과에 관한 이론적인 지지 기반은 태도 형성의 일반적 원리에 토대를 두는 수밖에 없을 것으로 생각한다. 특히 이러한 변인들의 효과는 대개의 태도 관련 연구에서 독립 변인으로 사용되는 경우보다 오히려 통제 변인으로 자주 사용되는 경향이 있었다. 따라서 본 연구에서도 이런 점을 감안해서 공변량 구조 모형 속에 직접 포함시켜 경로를 확인하지는 않을 것이다.

Davis와 Dickinson(1987)은 인사 고과 체계에 대한 직원들의 공정성 지각에는 인사 고과 체계와는 독립적으로 그가 몸담고 있는 조직 자체의 다양한 특성 변인들도 영향을 줄 수 있다고 주장했다. 그러면서, 이들은 이런 효과를 가진 조직적 특성 변인들로 리더와 부하 간의 신뢰 및 지원 여부, 조직의 혁신 풍토 등을 제안해 보기도 했다. 이들의 논의에 따르면, 민주적인 문화적 풍토를 가진 조직의 구성원은 상사에 의해서 일방적으로 고과되는 하향적 인사 고과 체계에 대해 부정적인 견해를 가지는 것이 일반적이라고 한다.

인사 고과를 하나의 요식 행위로 간주하는 조직 풍토에서는 인사 고과에 아예 무관심하던지 아니면 더 나아가 부정적인 태도를 가지고 있는 경우가 많다. 이런 경우에는 인사 고과자의 고과 행동－예, 정확성, 공정성을 기준으로－에 대한 처벌과 보상이 이루어지는 제도적 장치가 마련될 필요가 있는 것이다.

이런 맥락에서 Kane과 Lawler(1979) 그리고 Keeley(1978)는 인사 고과 제도의 효과성은 인사 고과 제도 자체의 특성과 해당 조직의 특성 변인이 얼마나 조화를 이루는가에 달려 있다고 주장하기도 했다. 또한 Dobbins와 Cardy, 및 Platz-Bieno(1990)는 인사 고과 체계의 특성 변인과 인사 고과에 관한 만족도 사이의 관계에 개재(介在)하는 조직 특성 변인의 조절 효과를 탐색하고 연구를 진행하였다. 이들은 여러 가지 인사 고과 체계의 특성 변인－활동 계획의 마련, 고과 빈도, 고과자 훈련 등－들이 인사 고과 만족도와 정적인 상관을 보이는 경우가 있으나, 이는 고과자가 역할 갈등(Role conflict)을 경험하고 있거나 혹은 고과자의 통제 범위가 넓은 경우로 제한된다는 점을 확인하기도 했다.

이처럼 조직의 객관적인 특성도 인사 고과 체계에 대한 직원들의 태도 형성에 영향을 미친다는 점을 몇몇 연구를 통해 암시받을 수는 있지만, 아직까지 충분한 연구가 이루어지지 않았고,

종속 변인에 대한 직간접 효과나 조절 효과를 입증하는 경험적 연구 결과가 부족한 상태이다.

2. 연구 방법 및 절차

1) 문항 개발을 위한 패널 구성

본 연구자는 물론이고 현업에서 인사 관련 업무를 2년 이상 실시해 온 경험 있는 컨설턴트 2명과 일반 기업 인사 담당 실무자 2명을 포함해서 모두 5명으로 문항 개발 패널을 구성하였다.

2) 연구 목적 설명 및 연구 변인 정리

본 연구자는 패널 구성원들에게 금번 연구의 목적과 문헌 연구를 통해 확인된 제반 구성 개념들의 이론적 정의에 대해서 설명하였다. 또 각 구성 개념들 간의 관계 내지는 개념적 중복 가능성에 관한 연구 결과들에 대해서도 설명하였으며, 아울러 현실적으로 매우 중요한 개념임에도 불구하고 기존 연구들에서 다루어지지 않았던 구성 개념들에 대해서도 폭넓게 설명하였다. 연구 패널 구성원들은 본 연구자의 설명을 바탕으로 본 연구에서 다루어야 할 연구 변인들의 범위와 그 당위성에 대해서 토론하였다.

표 1. 1차 설문 조사지의 문항 구성

범주 구분	하위 척도명	정 의	문항 수
고과 시스템 특성 지각	고과 횟수의 충분함	고과를 실시하는 횟수가 충분한지에 대한 지각	3
	면접 회수의 충분함	고과를 위해 상사와 부하가 만나는 횟수가 충분한지에 대한 지각	3
	경영층의 의지 / 노력	공정하고 객관적인 고과를 위해 회사가 노력하는 정도에 대한 지각	3
	고과 개발 시 직원 참여	고과 체계를 개발할 때 직원의 참여와 의견 개진이 이루어졌는지에 대한 지각	3
	고과 기준/항목 적절성	고과 항목과 평가 기준이 적절한지에 관한 지각	4
	고과 기준/항목 명확성	고과 항목과 평가 기준의 의미가 분명한지에 관한 지각	4
	고과 체계의 복잡성	고과 체계의 구조와 운영의 단순/명쾌함에 관한 지각	3
	다면적 정보 입력	다양한 견해와 정보를 바탕으로 고과가 이루어지는지에 관한 지각	3
	수행-고과 연계	실제 수행과 고과 점수 간의 연계성에 관한 지각	3
	고과-보상 연계	고과 점수와 각종 보상의 연계성에 관한 지각	5
	고과-개발 연계	고과 결과가 자기 개발 계획 설정과 활동으로 이어지는지에 대한 지각	3
	이의 제기 절차	적당한 이의 제기가 가능한지에 관한 지각	3
고과 과정 및 맥락 지각	고과 과정의 참여	고과가 이루어지는 전 과정에 직원의 의견 개진이나 참여가 이루어지는지에 대한 지각	3
	고과자와의 관계	고과자와 평소 원만한 인간관계를 형성하고 있는지에 대한 지각	3
	고과 능력 및 지식	고과자가 부하의 업무와 실제 수행에 관한 지식과 정확한 고과 능력을 가졌는지에 관한 지각	6
	고과자의 고과 의지	고과자가 부하의 수행을 정확히 평가하려는 의지가 있는지에 대한 지각	3
	고과자에 대한 신뢰	고과자에 대한 전반적인 신뢰감	5
	피드백 및 목표 설정	고과 시 상사가 객관적이고 충분한 피드백을 주는지와 목표 설정 활동이 이루어지는지에 대한 지각	6
고과 태도	고과 공정성	고과가 공정했는지와 정확하게 가려내는지에 대한 전반적인 지각	6
	고과 수용도	고과 결과와 체계에 대한 심리적인 수용의 정도	6
	고과 만족도	고과 결과와 체계에 대한 전반적인 만족의 정도	6
조직 관련 태도	이직 의도	직장을 떠나 다른 대안을 찾아보려는 정도	5
	조직 몰입	직장과 나를 동일시하는 정도	5
	직장 만족도	직장에 대한 전반적인 만족의 정도	1
최근 고과 점수		가장 최근에 받은 고과 점수	1
인구 통계적 변인		성별, 재직 기간, 고과 경험, 직급 등	5
문항 합계			총 101문항

이 토론을 통해 서로 개념적으로 중복된다고 여겨지는 것들은 통합하고, 빠진 구성 개념들 중에서 필요한 것들을 포함시킴으로써 최종적인 연구 변인들의 종류를 결정할 수 있었다.

3) 1차 문항 개발

먼저 기존 연구들에서 해당 구성 개념을 측정하는 데 사용한 문항들을 보조 자료로 나누어 준 뒤, 각각의 연구 변인들의 정의에 입각해서 문항화시킬 수 있는 내용들을 자유롭게 제안하도록 했다. 본 연구자는 패널 구성원들이 제안한 내용들을 수집 정리해서, 다시 패널 구성원들에게 배포하여 검토 및 수정을 요구했다. 이 작업은 본 연구자와 개별 패널 구성원들 간의 의사 교환 과정을 통해 개별적으로 진행되었으며, 별도의 집단 토론은 이루어지지 않았다.

4) 최종 문항 선정

본 연구자가 제작 배포한 문항 통합 자료를 패널들이 개별적으로 검토한 뒤, 모든 패널 구성원이 한자리에 모여 토론을 통해 최종 문항을 선정하였다(**표 1**).

최종 문항으로 결정된 것들에 대해서는 직장인들에게 적합한 용어 및 말투로 다듬는 작업도 진행되었다. 이 과정을 통해서 획득된

1차 설문지에 포함된 연구 변인과 문항 수를 **표** 1에 정리했다.

최종 진단 척도에 포함된 하위 척도 중에서 이직 의도 척도와 조직 몰입 척도는 김준홍(1992)의 연구에 사용된 문항을 그대로 이용하기로 했다.

3. 제1차 조사

1) 조사 대상

설문 조사 문항의 특성 파악을 위한 1차 조사의 대상은 'S'기업(주력 업종: IT컨설팅)에서 근무하는 관리직 사원 137명을 대상으로 설문지를 배포했으며, 이 중 회수(回收)된 질문지는 129명(회수율: 94.1%)이었다. 회수된 질문지는 응답 상태가 양호했으나, 극히 일부 질문지는 완성되지 않았거나 불성실하게 응답한 것으로 자료로서 가치가 없어 제외했다. 결과적으로 121명분 질문지만이 최종 분석에 사용되었다.

2) 조사 시기

1차 조사는 1999년 11월 3일부터 7일까지 5일간에 걸쳐서 실시되었다. 실시하는 방식은 해당 기업 인사 담당 관리자를 통해, 해당 본사 직원들만을 대상으로 실시했다.

3) 결 과

1차 조사 자료를 분석한 결과 '수행-고과 연계'와 '고과 과정 참여' 요소를 제외한 모든 척도에서 내적 일치도 신뢰도인 Cronbach alpha 값이 0.54-0.89 정도로 수용할 만한 수준 이상이었다. 특히 하위 척도별 문항 수가 크지 않고 표본의 크기도 작은 편임을 생각할 때 이러한 신뢰도 계수는 만족스러운 수준이라고 볼 수 있었다.

또한 각 하위 척도별 주축 요인 분석(Principal Axis factoring: 이하 PAF)을 통해 각 척도의 일개념성을 확인하기도 했다. 여기서 모든 하위 척도를 포함시켜 주성분 분석을 해보는 방법이 필요하긴 했지만, 일단 표본의 하위 척도의 수에 비해서 지나치게 적고, 이들 하위 척도들 간의 관계에 관한 실증적 검증 자료가 없었던 관계로, 각 하위 척도별 주축 요인 분석으로 일개념적 타당성을 확인하는 것으로 만족하기로 했다. 척도의 일개념성 타당도를 이런 방식으로 확인하는 방법은 김명소(1999)의 연구에서도 실시된 바 있다. 주축 요인 분석 결과, 앞서 언급한 '수행-고과 연계'와 '고과 과정 참여' 요소를 제외한 나머지 하위 척도에서 고웃값(eigen value)이 '1' 이상인 요인이 각기 한 개씩만 있는 것으로 확인되었다.

표 2. 1차 조사 전후의 변화사항 및 신뢰도 특성(n=121)

하위 척도명	최초 문항 수	신뢰도 계수	일개념성 검증결과	처리사항	최종 문항 수	추정[a] 신뢰도
고과 횟수의 충분함	3	.74	O.K.		3	
면접 회수의 충분함	3	.69	O.K.		3	
경영층의 의지/노력	3	.78	O.K.		3	
고과 개발 시 직원 참여	3	.78	O.K.		3	
고과 기준/항목 적절성	4	.62	O.K.		4	
고과 기준/항목 명확성	4	.66	O.K.		4	
고과 체계의 복잡성	3	.60	O.K.		3	
다면적 정보 입력	3	.64	O.K.		3	
수행－고과 연계	3	.04	not O.K.	72번 문항 삭제	2	α=.54
고과－보상 연계	5	.63	O.K.		5	
고과－개발 연계	3	.69	O.K.		3	
이의 제기 절차	3	.54	O.K.		3	
고과 과정의 참여	3	.34	not O.K.	22번 문항 삭제	2	α=.59
고과자와의 관계	3	.68	O.K.		3	
고과 능력 및 지식	6	.89	O.K.		6	
고과자의 고과 의지	3	.88	O.K.		3	
고과자에 대한 신뢰	5	.84	O.K.		5	
피드백 및 목표 설정	6	.79	O.K.		6	
고과 공정성	6	.80	O.K.		6	
고과 수용도	6	.84	O.K.		6	
고과 만족도	6	.83	O.K.		6	
이직 의도	5	.69	O.K.		5	
조직 몰입	5	.72	O.K.		5	
직장 만족도	1	-	-		1	
최근 고과 점수	1	-	-		1	
문항 총계	96문항				94문항	

a: 추정 신뢰도란 문항의 수가 두 개로 축소되는 경우, 문항이 세 개일 때의 신뢰도 계수 산출 결과를 바탕으로 유추한 신뢰도 계수를 말함.

그러나 '이의 제기 절차' 요소의 경우도 0.5 정도로 비교적 낮은 신뢰도가 산출되었고, '수행 – 고과 연계' 요소와 '고과 과정의 참여' 요소들 역시 각기 한 문항씩(72번 문항과 22번 문항)을 삭제하여 신뢰도를 높였음에도 역시 0.5 정도의 비교적 낮은 신뢰도가 산출되었다. 따라서 대규모 자료 획득 후에 추가적인 문항 분석이 필요하다고 판단했다. 대규모 자료를 바탕으로 한 신뢰도 분석 결과와 주축 요인 분석 결과 그리고 개별 문항에 대한 응답 분포를 고려해서 진단 척도에 포함시킬 최종적인 문항을 결정하기로 했다. 일차적인 문항 수정의 구체적인 사항은 **표 2**에 정리하였다.

1차 조사 결과를 분석한 결과, 최근에 받은 고과 등급란을 공란으로 남겨 두는 응답자 즉 결측치(missing data)가 전체 응답자의 약 62%로 대단히 많았다. 그러나 이 변인의 이론적 중요성을 감안하여 2차 연구에 사용할 설문 조사지에도 포함시키기로 하였다. 실제로 Dipboye와 dePontbriant(1981)는 인사 고과에 대한 만족도 중에서 약 25%가량을 '최근 고과 점수'가 설명한다고 결과를 밝혀내기도 했고, 또 Landy와 Barnes-Farrell, 및 Cleveland(1980)는 고과 점수를 잘 받은 사람이 고과 체계를 더 공정한 것으로 지각할 것이라는 가설을 검증하기도 했다.

이들의 연구 결과에서는 이전에 받은 고과 점수가 유의미한 효과를 가지고 있지 않다는 사실이 확인되었다. 그러나 유사한 연구들에서 효과 개입의 가능성이 꾸준히 제기되었던 것이 사실이므로 본 연구에서도 이 부분을 분명하게 확인해 보고자 한 것이다.

아울러 본 연구에 사용한 표본은 여성 응답자의 비율이 현저히 낮았다. 그러나 본 연구 주제와 관련해서 응답자의 성별이 유의미한 조절 효과가 있다는 연구 결과가 발표된 적이 없었으므로 여성 응답자의 비율이 남성과 비슷하게 고르게 포함되지 못하였다는 점은 이론적으로 큰 문제는 없을 것으로 판단했다. 그러나 본 연구 표본을 바탕으로 확인된 결과들은 가능하면 남성 직장인 모집단으로 일반화의 폭을 제한하는 것이 바람직할 것으로 생각된다. 아울러 향후에는 여성 직원의 분포가 큰 직종이나 기업을 대상으로 추후 연구를 해볼 만한 가치는 충분히 있다고 사료된다. 그러나 이럴 경우 역시 주의해야 할 점은 여성의 분포가 큰 기업이나 직종의 경우는 그 해당 직종 혹은 기업의 특성이라는 가외 변인이 개입되어 결과에 혼입될 가능성도 있다는 사실이다.

4. 본 조사

1) 조사 목적

소표본을 대상으로 실시되었던 1차 조사 결과를 바탕으로 수정된 최종 척도를 대표본을 대상으로 실시하여 척도의 신뢰성과 타당성을 확인해 보는 데 일차적인 목적이 있었다. 아울러 탐색적/확인적 요인 분석을 통해서 고과 태도를 결정하는 선행 요인

34

의 잠재 구조를 확인해 보고자 하였다.

2) 조사 방법 및 절차

(1) 조사 대상

국내 대표적인 정부 기관과 사기업을 선정하여 각 기업에 종사하는 직원 총 1,207명을 대상으로 본 조사 설문지를 배포했으며, 회수된 질문지는 총 1,128건(93.5%)이었다. 이처럼 회수율이 높았던 이유는 각 기관 혹은 기업체 인사 담당자가 미리 획득 가능한 사례 수를 본 연구자에게 알려 주었고, 이를 바탕으로 필요한 설문지를 제작해서 배포하였기 때문이다.

또한 해당 기업 혹은 기관에 종사하는 사람들 전체에 대한 전수조사가 아니었으므로, 애초에 계획했던 대상자로부터 자료 획득이 어려운 경우는 임의대로 해당 기관/기업 인사 담당자가 다른 대상자에게 응답을 의뢰했다. 따라서 전체적으로 회수율이 매우 높았다. 이 중에서 무응답치가 지나치게 많거나 불성실하게 응답하여 자료로서 가치가 없는 것이 총 65건이었다. 결과적으로 최종 분석에 사용된 응답 자료는 총 1,063건(94.2%)이었다. 최종 분석에 사용된 응답 자료의 획득 소재별 인원수는 **표 3**과 같다.

표 3. 본 조사 대상자의 분류

기업분류	기업명	인원수(명)	소 계	계
정부 기관	철도청	419	459	1063
	한국 가스 공사	40		
사기업	H 산업 개발	80	604	
	L 유통	108		
	D 전자	181		
	L 전자	61		
	K 유화	174		

주) 사기업의 실명은 해당 기업 인사 담당자의 요청에 의해 익명으로 처리함.

(2) 조사 시기 및 방법

본 조사는 1999년 12월부터 2000년 2월까지 약 세 개월 동안 진행되었다. 조사 방법은 조사 대상 기업의 인사 담당자나 교육 및 연수 담당자와 직접 협의하여 회사 차원에서 추진하는 고과 제도에 대한 직원 의견 조사라고 알려주고 실시하였다. 따라서 본 연구의 주체나 목적은 감추어졌으며, 철저한 익명성을 보장한 다는 점을 거듭 주지시켰다.

표 4. 척도별 신뢰도 분석 결과

하위 척도명	문항 수	평균 (표준편차)	1차 조사 신뢰도 (n=126)	본 조사 신뢰도 (n=1,063)	기존 연구 신뢰도
고과 횟수의 충분함	3	4.09(1.12)	.74	.66	
면접 회수의 충분함	3	3.24(1.03)	.69	.64	
경영층의 의지/노력	3	3.57(1.27)	.78	.84	
고과 개발 시 직원 참여	3	2.91(1.14)	.78	.81	
고과 기준/항목 적절성	4	3.66(0.89)	.62	.64	
고과 기준/항목 명확성	4	3.79(0.92)	.66	.73	
고과 체계의 복잡성	3	3.68(1.02)	.60	.65	
다면적 정보 입력	3	3.18(1.08)	.64	.77	
수행-고과 연계	2	3.47(1.12)	.54	.52	
고과-보상 연계	5	4.05(1.03)	.63	.68	
고과 개발 연계	3	3.35(1.08)	.69	.65	
이의 제기 절차	3	2.79(1.10)	.54	.77	
고과 과정의 참여	2	3.07(1.22)	.59	.68	
고과자와의 관계	3	4.03(1.03)	.68	.77	
고과 능력 및 지식	6	3.89(1.09)	.89	.90	
고과자의 고과 의지	3	3.98(1.19)	.88	.85	
고과자에 대한 신뢰	5	3.84(1.16)	.84	.89	
피드백 및 목표 설정	6	3.63(1.02)	.79	.85	
고과 공정성	6	3.69(1.03)	.80	.87	
고과 수용도	6	3.57(0.98)	.84	.87	
고과 만족도	6	3.54(0.94)	.83	.84	
이직 의도	5	3.42(1.24)	.69	.71	0.72
조직 몰입	5	4.36(1.06)	.72	.76	0.69
직장 만족도	1	66.7(16.6)	-	-	
최근 고과 점수	1	-	-	-	

주) 하위 척도 점수는 7점 만점, 직장 만족도는 100점 만점임.

(3) 문항 분석

본 조사 자료를 바탕으로 다시 척도의 신뢰도와 문항 특성을 분석하였다. 그 결과를 **표 4**에 정리해 놓았다.

표 4에서 볼 수 있듯이, 각 하위 척도별 신뢰도 수준은 0.64-0.90에 이르는 것으로 나타났다. 본 척도가 기업의 인사 고과 체계에 대한 인식이나 태도 진단을 위한 도구로서 큰 문제가 없음을 확인할 수 있었다.

(4) 척도의 잠재적 요인 구조 분석

본 연구에서 고과 태도 결정 요소로 간주된 제 변인을 측정하는 척도들은, 일부를 제외하고는, 기존 연구에서 사용되었거나 또 척도의 신뢰도가 경험적으로 입증된 척도라기보다는 관련 연구나 이론에 근거를 두고 연역적으로 추론되어 제작된 것이다.

따라서 척도들 간에 내재하는 잠재적 요인의 구조 또한 경험적으로 확인된 바가 없다. 아울러 본 진단 척도에 포함된 변인들은 기존에 이루어진 많은 연구들에서 언급된 거의 모든 결정 요소들을 포함하고 있는 것이므로 이처럼 많은 결정 요소에 내재하는 잠재적 요인의 구조를 확인해 볼 필요가 있었다.

물론 앞서 척도의 구분에서도 언급된 바대로 본 연구자 나름대로 개념적 정의에 근거해서 분류한 틀이 있었다. 그것은 "인사 고과 체계와 운영에 관한 인식", "인사 고과 과정 및 맥락에 관한 인식", 그리고 "최종적인 인사 고과 태도" 등 크게 세 가지로 결정 요소의 범주를 구분하는 것이었다. 이런 맥락에서 본 연구자는 본 조사 자료를 토대로 앞서 언급한 고과 태도 결정 요소에 관한 개념적인 구분의 틀이 적합한지에 관해서 경험적으로 검증해 보고자 했다. 본 자료 분석을 통해서 이러한 고과 태도 결정 요소에 관한 개념적 구분의 틀이 경험적으로 검증될 수 있다면, 향후에 계속될 유사 연구에 사용하여 측정과 해석의 편의를 도모할 수 있을 것이라는 기대도 할 수 있을 것이다.

표 5. 고과 태도 결정 요소의 잠재 요인 분석 결과(요인 수=2)

결정 요소	요인 1	요인 2
고과자에 대한 신뢰	.863	.380
고과자의 고과 의지	.848	.356
고과자의 능력 및 지식	.841	.368
고과자와의 관계	.767	.214
피드백 및 목표 설정	.721	.558
고과-보상 연계	.413	.333
고과 횟수의 충분함	.390	.239
고과 개발 시 직원 참여	.319	.795
다면적 정보 입력	.483	.723
이의 제기 절차	.279	.708
고과-개발 연계	.156	.652
고과 과정에 참여	.546	.602
수행-고과 연계	.471	.601
경영층의 의지/노력	.526	.593
면접 횟수의 충분함	.322	.560
고과 기준/항목 적절성	.335	.557
고과 체계의 복잡성	.307	.487
고과 기준/항목 명확성	.363	.476
고유근	9.329	1.112
총변산비율	51.8%	6.2%

인사 고과 체계에 대한 인식 진단 척도에 포함된 고과 태도 결정 요소들의 잠재적 요인 구조를 알아보기 위해서 요인 분석을 실시했다. 먼저 고과 태도를 측정하는 종속 변인(3개의 하위 척도)들은 제외시켜 놓고, 고과 태도 결정 요소들만을 포함시켜서 요인 분석을 실시했다. 총 18개의 결정 요소 척도에 포함된 문항 점수를 평균한 값을 개별 하위 척도의 값으로 사용했다. 먼저 18개의 하위 척도를 대상으로 도출할 요인의 수를 두 개로 지정하고 분석을 실시했다. 이렇게 한 이유는 연구자가 사전에 설정한 분류의 틀에서 제반 고과 태도 결정 요소를 크게 두 개의 범주 - 인사 고과 체계 특성 요인과 인사 고과 과정 및 맥락 요인 - 로 구분하고 있으므로 먼저 이러한 구분이 타당한지부터 확인해 보고자 했던 것이다. 그리고 만일 분석 결과를 이론적으로 해석하는 데 부적합한 경우는 요인의 수를 하나씩 늘려가면서 최적의 요인구조를 찾아보기로 하였다. 회전 방식은 직교 회전법(varimax)을 사용했으며, 요인 추출 방식은 최대우도법(Maximum Likelihood Method: 이하 ML)을 사용했다. 여기서 요인 추출 방식을 주축요인법(PAF)로 하지 않고 최대우도법을 사용한 데에는 이유가 있었다. 즉 상관 행렬의 분해 시 공통분(communality)의 추정치를 이용하는 주축 요인 분석이나 주성분 분석(Principal Component Analysis: 이하 PCA)과는 달리 최대 우도법은 상관 행렬 분해 시 미리 요인의 수를 가정하고 또 그처럼 미리 가정한 요인 수의 적합도에 관한 카이자승 값을 제공하고 있기 때문이었다(이순묵, 1995). 결과적으로 이론에 입각해서 미리 요인의 수에 관한 가정을 가지고 분석에 임하는 본 연구 분석의 취지에 더 적합한 방법은 역시 최대우도법이었다.

이처럼 요인의 수를 두 개로 고정시키고 분석한 결과를 **표 5**에 제시했다.

이 결과를 보면, 전반적인 양상은 애초에 연구자가 염두에 두었던 범주대로 구분되고 있음을 알 수 있다. 두 개의 요인이 설명하는 변량의 비율 또한 총 58%로서 상당히 양호한 편이었다. 그러나 좀 더 자세히 결과를 분석해 보면, 최초에 인사 고과 체계 특성 범주로 상정한 일부 결정 요소들이 약간 혼란스러운 요인 적재량을 가지고 있으며(고과 과정 참여, 수행 - 고과 연계, 경영층의 의지 및 노력, 고과 - 보상 연계, 고과 횟수의 충분함), 나아가 일부 요소들은 오히려 별도의 독립적인 요인으로 묶일 가능성이 크다는 점도 확인할 수 있었다(오른쪽 하단 음영처리 부분). 이와 같은 개략적인 양상 이외에도 추가 분석이 필요하다는 더욱 확실한 증거를 찾을 수 있었다. 그것은 요인 회전 전의 최초 고윳값을 보면, 고윳값이 1을 넘는 요인이 세 개임을 알 수 있었다(제1요인: 9.846, 제2요인: 1.353, 제3요인: 1.284). 이처럼 회전 전의 "기초 요인 행렬(initial factor matrix)"에 근거해서 적절한 요인의 수를 추정하는 방법은 이미 이순묵(1995)이 합리적인 추정 방식으로 제안한 바 있다.

따라서 본 연구자는 동일한 요소들을 가지고 요인의 수를 세 개로 지정한 뒤, 다시 주축 요인 분석을 실시했다. 그 결과는 **표 5**에서 확인된 바와 대동소이했다. 즉 요인의 수를 세 개로 지정했어도, 요인 수 두 개일 경우와 마찬가지로 동일한 요소들의 요인 구조가 불명확하게 나타났다(**부록 5** 참조).

따라서 본 연구자는 구조가 불분명한 고과 과정에 참여, 수행
-고과 연계, 경영층의 의지 및 노력, 고과-보상 연계, 그리고
고과 횟수의 충분함 등의 5개 척도를 추후 분석에서 삭제하기로
했다. 이처럼 삭제시킨 5개 척도는 나머지 척도들과 매우 높은
상관을 가지고 있었기 때문에 통계적인 고려를 통해서도 충분히
삭제할 수 있는 여지가 있었다. 상기한 하위 척도를 제외한 나머
지 척도를 가지고 다시 요인의 수를 세 개로 늘려서 2차로 분석
하였다. 요인 회전이나 요인 추출 방식은 1차 분석과 동일했다.
그 결과를 **표 6**에 제시했다.

표 6. 고과 태도 결정 요소의 잠재 요인 분석 결과(요인 수=3)

결정 요소	요인 1 고과자 및 고과 맥락	요인 2 고과 체계 및 운영의 민주성	요인 3 고과 도구 및 체계의 적절성
고과자에 대한 신뢰	.848	.330	.250
고과자의 고과 의지	.831	·.299	.248
고과자의 능력 및 지식	.821	.315	.267
고과자와의 관계	.755	.184	.180
피드백 및 목표 설정	.704	.506	.285
고과 개발 시 직원 참여	.304	.741	.304
이의 제기 절차	.276	.710	.183
다면적 정보 입력	.473	.689	.260
고과-개발 연계	.132	.651	.157
면접 횟수의 충분함	.309	.516	.219
고과 기준/항목 명확성	.252	.196	.827
고과 체계의 복잡성	.208	.228	.746
고과 기준/항목 적절성	.261	.361	.608
고유근	7.466	1.315	1.168
총변산비율	057.4%	10.1%	9.0%

　표 6에서 볼 수 있듯이 앞서 요인의 수를 두 개로 지정한 결과의 해석에서 확인된 바와 같이 새로운 요인이 나타남을 확인할 수 있다. 결과를 구체적으로 살펴보면, 각각의 요인으로 묶이는 결정 요소들이 개념적으로 충분히 구분시킬 여지가 있는 것임을 알 수 있다.

　결과에 따르면, 인사 고과 태도 결정 요소는 크게 세 가지 요인 즉, 고과자 및 고과 맥락 요인, 고과 체계 및 운영의 민주성 요인, 고과 도구 및 체계의 적절성 요인 등으로 구성되어 있는 것으로 나타났다. 이 세 가지 요인은 결정 요소 전체 변량 중에서 약 76.5%를 설명하고 있었다. 우선 제1요인으로 밝혀진 고과자 및 고과 맥락 요인은 전체 변량 중 약 57.4%를 설명하고 있으며, 고과자에 대한 신뢰, 고과자의 고과 의지, 고과자의 능력 및 지식, 고과자와의 평소 인간관계, 그리고 피드백 및 목표 설정 등 총 5개의 결정 요소들이 포함되어 있었다. 전반적으로 제1요인은 고과자가 공정하고 정확한 고과를 하려는 의지와 능력을 가지고 있다고 보는가와 고과 결과를 바탕으로 고과자가 현실적이고 정확한 피드백을 제공한다고 보는가에 대한 직원들의 인식을 나타내고 있었다.

　제2요인인 고과 체계 및 운영의 민주성 요인은 전체 변량 중에서 약 10.1%를 설명하는 요인으로서, 고과 체계 개발 시 직원 참여, 이의 제기 절차의 현실성, 다면적(多面的) 수행 관련 정보 수용, 고과 결과와 개발 목표와의 연계, 그리고 고과 면접 횟수의 충분함 등 총 5개의 결정 요소들이 포함되어 있었다. 전체적으로 회사와 직원이 함께 고과 체계를 마련했는지와 정확한 고과를 하는 데 필요한 객관적이고 다양한 수행 자료를 수용하고 있는지의 여부, 그리고 고과 결과를 단순히 처우에 반영하는 것이 아니라 그 결과를 바탕으로 직원 스스로 자기 개발할 수 있는 방향과 목표를 제시해 주는지에 대한 직원들의 인식을 반영하고 있는 요인이었다. 즉 직원에 대한 평가가 이루어지고 활용되는 단계마다 직원의 의견이나 직원의 장래에 대한 배려가 참여적으로 그리고 민주적으로 반영되고 있는지에 대한 직원들의 인식을 말하고 있었다. 그러나 피드백 및 목표 설정 요소는 제1요인과 제2요인에 다소 중첩되는 적재량을 가지고 있는 것으로 나타나서 개선의 여지를 남기기도 했다.

제3요인인 고과 도구 및 체계의 적절성 요인은 전체 변량의 약 9.0%를 설명하고 있었으며, 고과 기준 및 고과 항목의 명확성, 고과 체계의 복잡성, 그리고 고과 기준 및 항목의 적절성 등 세 가지 결정 요소가 포함되어 있었다. 고과 도구 및 체계의 적절성 및 명확성은 국내외에서 이루어진 각종 조사 자료에서도 그 중요함이 확인된 바 있었다. 이를테면 우리나라 경영자 총협회 소속 노동 경제 연구원에서 실시한 "한국 기업의 인사 고과 실태(1994)"에 관한 조사에서 나타난 바에 따르면, 국내 기업의 인사 관리 담당자들은 무엇보다도 '고과 요소 및 기준의 재정비(36%)', '고과 방법의 개선(24%)', '고과 양식의 개선(5%)' 등을 가장 시급하게 개선해야 할 문제들인 것으로 생각하고 있었다(김성훈·박동건, 1999).

전반적으로 요인 분석 결과에서 흥미 있는 양상으로 나타난 것은 고과에 대한 직원의 인식 구조가 고과 시스템과 고과 도구와 같은 고과 체계의 하드웨어적 특성에 대한 인식과 고과자의 고과 능력 및 의지 그리고 고과 민주성과 같은 절차적이고 소프트웨어적인 측면들에 대한 인식으로 구성되어 있으며, 특히 소프트웨어적 측면에 대한 인식의 비중이 훨씬 크다는 점이었다. 다시 말해서 적어도 본 연구에 포함된 직원은 제 아무리 좋은 제도가 있어도 그 제도와 도구를 직접 사용할 고과자가 필요한 능력과 의지를 지니고 있어야 하며, 아울러 고과 절차 운영의 민주성도 제도적 장점 이상으로 고과의 성패를 좌우하는 중요한 요소로 간주하고 있다는 점을 확인할 수 있었다.

이와 같이 요인의 수를 세 개로 지정했을 경우 도출되는 요인의 구조가 이론과 경험에 비추어 볼 때 상당한 설득력을 가지고 있다는 점을 확인할 수 있었다. 끝으로, 요인의 수를 네 개로 지정하고 분석했을 경우는 요인의 구조가 상당히 불분명해지고, 혼란스러운 양상이 나타났으므로 결과 제시를 생략하기로 한다. 결론적으로 고과 태도를 결정하는 요소들의 잠재적 요인의 수는 세 개인 것으로 보는 것이 가장 합리적인 것을 알 수 있었다.

(5) 고과 태도 결정 요소에 관한 확인적 요인 분석

탐색적 요인 분석 결과로 도출된 잠재 요인의 구조를 확인적 요인 분석 방법으로 검증해 보았다. 확인적 요인 분석을 위해서 사용한 분석 도구는 AMOS 3.61(Analysis of Moment Analysis: Arbuckle, 1997)이었다. 본래 확인적 요인 분석의 취지는 특정 표본에서 획득한 잠재적 요인의 구조가 다른 표본에서도 그대로 나타나는지를 확인하는 것이다. 따라서 본 연구처럼 동일한 표본을 대상으로 탐색적 요인 분석과 확인적 요인 분석을 실시하는 것은 이러한 취지에 다소 어긋나는 것이기는 하다. 그러나 확인적 요인 분석의 부합도 산출 방식이 탐색적 요인 분석과 상당한 차이가 있으므로 비록 같은 표본이기는 하나 분석을 시도해 볼 가치는 있다고 볼 수 있었다. 예를 들면, 탐색적 요인 분석에서는 하나의 요소가 모든 잠재 요인에 걸쳐서 독특한 요인 부하량을 가지고 있는 것으로 상정하고 있으나, 확인적 요인 분석에서는 각 요소들은 그 요소를 포함한다고 생각되는 특정 요인에만 부하량을 가지는 것으로 상정하게 되는 것이다. 아울러, 확인적 요인 분석은 이론적 토대를 달리하는 서로 다른 요인 구조 모형이 있을 경우, 어느 모형이 더 적합한가에 관한 결정을 내리는 데 유용하게 사용될 수 있는 분석법이다. 이런 배경에서 탐색적 요인 분석에서 도출된 요인 구조의 부합도를 확인적 요인 분석을 통해 확인해 보고자 했다.

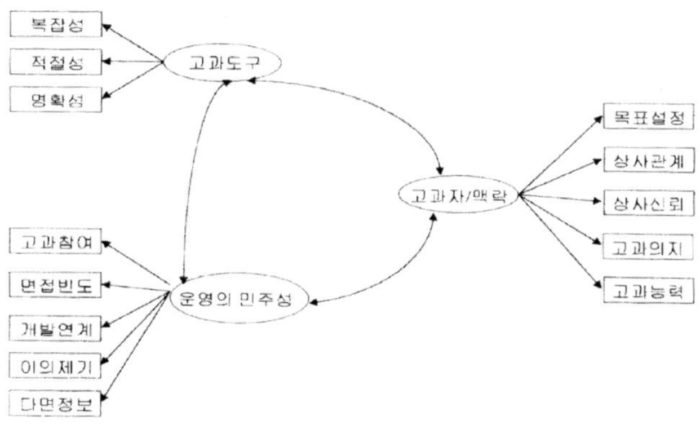

그림 1. 고과 태도 결정 요소 확인적 요인 분석 모형

본 분석에서도 역시 개별 측정 변인들이 탐색적 요인 분석에서 도출된 세 가지 요인을 잘 반영하고 있는지 알아보기 위해서 세 가지 요인들을 측정하는 변인들은 오직 해당 요인에만 부하되도록 했으며 잔차들(Residuals) 사이의 상관은 없는 것으로 모형을 설정했다. 아울러 모든 요인들 간에는 상호 상관이 존재하는 모델을 설정하여 분석했다. 설정한 모형은 **그림 1**과 같다.

표본 추출의 오차를 줄이기 위하여 표본 크기를 미지수 개수의 5배 이상으로 하는 것이 바람직하다는 주장(Bentler & Chou, 1987)도 있고, 모형의 크기에 상관없이 표본 크기는 적어도 200 이상이어야 한다는 주장(Boomsma, 1987, Arbuckle, 1997)도 있다. 그러나 본 연구의 확인적 요인 분석에 사용된 표본의 크기는 1,063명으로 충분한 규모였다. 또한 미지수의 개수가 총 26개였으므로 표본 크기와 미지수 개수 간의 비율은 40.8에 이르는 것으로 나타나서, 미지수 추정과 부합도 지수 해석에 있어서 잘못된 결론에 도달할 가능성은 적었다(유태용, 1999).

모형이 경험적 자료에 잘 맞는지를 나타내는 부합도 지수로는 GFI(Goodness of Fit Index: 일반부합치), AGFI(Adjusted Goodness of Fit Index: 수정부합치), RMR(Root Mean square Residual: 원소 간 평균 차이), RMSEA(Root Mean square Error of Approximation: 원소 간 근접오차), CFI(Comparative Fit Index: 비교부합치) 등을 사용하였다. 이들 지수 유형별 추정치를 **표 7**에 제시했다.

표 7. 확인적 요인 분석 모형의 부합도 지수(n＝1063)

부합도 지수	GFI	AGFI	RMR	RMSEA	CFI
추정치	.916	.877	.056	.091	.952

표 7에서 볼 수 있듯이 전반적인 확인적 요인 분석 모형의 부합도는 대체로 양호하여 GFI와 CFI는 일반적인 수용 준거인 .90(Bentler & Bonnett, 1980)을 넘는 것으로 나타났고, RMR도 일반적인 준거인 .05와 거의 같은 값으로 나타났다. 그러나 RMSEA와 RMR은 "좋은 모형(good model)"으로의 수용 준거인 .05(Arbuckle, 1997)를 넘지는 못했으나, 거의 근접한 수준을 가지고 있는 것으로 나타났다. 실제로 Arbuckle(1997)은 RMSEA의 경우 .08이 최소 수용 기준이 될 것이라고 주장하기도 했다. 전반적으로 볼 때 인사 고과 태도 결정 요소의 3요인 모형은 충분한 타당성을 갖고 있다는 점이 입증된 것이다.

표 8. 확인적 요인 분석 모형의 부합도 지수(n＝1063)

부합도 지수	GFI	AGFI	RMR	RMSEA	CFI
추정치	.951	.925	.049	.072	.971

그러나 MI(modification index)를 통해서 개선의 여지가 많은 것으로 나타났던 '피드백 및 목표 설정' 요소를 삭제시킨 수정된 3요인 모형은 아주 양호한 부합도를 가지고 있었다(**표 8**). 이 피드백 및 목표 설정 요소는 탐색적 요인 분석에서도 세 요인에

걸쳐서 다소 불분명한 구조를 가지는 요소인 것으로 확인된 바 있다(**표 6** 참조).

　본 연구자는 상기한 바대로 부합도가 검증된 결정 요소의 3요인 모형이 최초 가정한 대안 모형인 결정 요소의 2요인 모형에 비할 때 확실히 나은 모형인지를 검증해 보기로 했다.

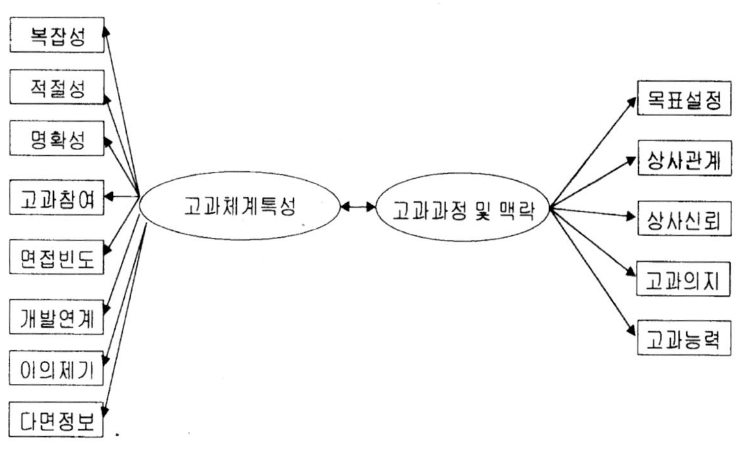

그림 2. 고과 태도 결정 요소 2요인 모형

　대안 모형인 결정 요소의 2요인 모형을 도식화시키면 **그림 2**와 같다. 비교의 공정성을 위해서 결정 요소의 3요인 모형에 포함된 결정 요소들을 연구자가 최초 상정한 범주대로 재분류하여 모형을 만든 뒤 부합도를 검증해 보았다. 부합도 분석 결과를 3요인 모형의 부합도와 비교해서 **표 9**에 제시했다.

표 9. 결정 요소의 2요인 모형과 3요인 모형의 부합도 지수 비교

부합도 지수	GFI	AGFI	RMR	RMSEA	CFI
3요인 모형	.951	.925	.049	.072	.971
2요인 모형	.852	.782	.069	.128	.902
차이 값	.099	.043	−.020	−.044	.069

주) 차이 값은 3요인 모형 부합도 지수에서 2요인 모형 부합도 지수를 뺀 값임.

부합도 지수 차이의 유의미성에 관한 판단은 일반적으로 CFI 와 RMSEA의 차이 값을 근거로 한다. 즉 CFI의 차이 값이 0.01 이상이고, RMSEA의 차이 값이 절댓값 기준으로 0.002 이상인 경우에 두 모형 간의 부합도가 유의미하게 차이가 있다고 결정하게 된다(Bentler & Bonett. 1980). 이런 준거를 기준으로 볼 때, 결정 요소의 2요인 모형과 3요인 모형은 부합도 면에서 충분히 다른 것이고, 단연 3요인 모형이 우수한 것으로 판단할 수 있게 되는 것이다.

따라서 향후 경로 분석을 위한 구조 방정식 모형에서도 피드백 및 목표 설정 요소를 삭제한 3요인 모형을 사용하여 검증할 것이다.

⑹ 고과 체계에 대한 태도 변인의 요인 구조

일반적으로 회사의 인사 고과 제도나 운영에 대해서 직원이 가지는 태도 변인으로는 연구에 자주 사용되는 것은 크게 세 가지 즉, 고과 공정성, 고과 만족도, 그리고 고과 수용도 등이었다.

그러나 이 세 가지 개념적으로 상당히 유사한 고과 태도 변인들 사이의 관계에 관해서 명확한 설명을 해 준 연구가 없었다. 그러나 본 연구에서는 이 세 가지 고과 태도 변인을 모두 포함시켰으므로 세 변인 간 관계에 관한 경험적인 검증이 가능했다.

우선 기초적으로 세 변인 사이의 상관관계를 분석했다. 분석 결과, 세 변인 사이의 상관계수는 0.77-0.80에 이르기까지 매우 높게 나왔다. 본 연구자는 세 변인 간 상관계수가 이렇게 높아진 이유가 직원들이 직장 전반에 대해서 갖는 만족도라는 제3의 공변인에 의한 것으로 판단하여, 이 직장 만족도의 변량을 제외시킨 후 다시 상관관계를 분석하였다. 그 결과 전반적으로 상관관계가 약간 떨어지기는 했으나, 역시 적어도 본 연구 표본에 포함된 직장인들에게는 이 세 가지 변인이 개념적인 이질성에도 불구하고 쉽게 구분이 되는 개념이 아님을 알 수 있었다. 따라서 이 세 가지 고과 태도 변인을 하나의 요인 분석 모형에 포함시켜 분석해 보았다. 그 결과 고윳값이 1이 넘는 공통 요인은 1개가 추출되었고, 그 요인의 고윳값은 2.72였으며, 이는 전체 변량 중 약 90.8%로 사실상 거의 모든 변량을 설명하는 것으로 나타났다. 결과적으로 이 세 가지 고과 태도 변인은 전혀 구분이 되는 개념이 아니었다. 따라서 추후 분석에서는 이 세 가지 고과 태도 변인을 '인사 고과 태도'라는 하나의 요인명으로 묶어서 분석에 포함시키기로 했다.

5. 연구 Ⅰ의 결과 요약

본 연구 Ⅰ에서는 총 25개의 하위 척도로 구성된 인사 고과 체계에 대한 직원들의 인식 진단 척도를 개발했다. 여기에는 고과에 대한 태도를 측정하는 세 개의 하위 척도와 조직 및 직무 관련 태도를 측정하는 두 개의 하위 척도가 포함되어 있다. 아울러, 직장 만족도를 묻는 1개의 하위 척도와 가장 최근에 받았던 고과 점수를 묻는 1개의 하위 척도가 포함되어 있다. 그리고 나머지 18개 척도는 모두 고과에 대한 태도 결정 요소에 대한 인식을 진단하는 하위 척도이다. 총 25개의 하위 척도들은 모두 수용 가능한 수준 이상의 신뢰도를 가지고 있었으며, 일개념적 타당도도 충분한 것으로 검증되었다.

18개의 결정 요소 척도에 대한 응답 자료를 바탕으로 인사 고과 태도 결정 요소의 잠재 요인 구조를 탐색적 요인 분석과 확인적 요인 분석을 통해 분석해 보았다. 그 결과, 18개의 결정 요소 하위 척도 중에서 최종적으로 12개의 하위 척도를 포함하는 3요인 구조가 가장 적합한 것으로 확인되었다. 요인 분석을 통해서 확인된 잠재 요인 세 가지는 '고과자 및 고과 맥락 요인', '고과 체계 및 운영의 민주성 요인' 그리고 '고과 도구 및 체계의 적절성 요인'이었으며, 이 세 가지 요인이 설명하는 변량의 비율은 총 76.5%로써 매우 양호하였다.

연구 Ⅰ에서 개발한 인사 고과 체계에 대한 인식 진단 척도는 연구 II에서 진행될 인사 고과 체계에 대한 태도 결정 과정에 관한 인과적 모형 개발에 사용될 것이다. 또한 연구 I에서 개발된 척도는 실무적인 차원에서 인사 고과 체계에 관한 직원들의 인식을 진단해 보고자 하는 현업 전문가나 본 연구와 유사한 목적을 지닌 연구를 수행하려는 연구자들에게도 큰 도움을 줄 수도 있을 것이다.

Ⅲ. 고과 체계에 대한 태도 결정 모형 개발 및 교차 타당화 (연구 Ⅱ)

본 연구 Ⅱ는 인사 고과 시스템에 대한 직원의 태도가 결정되는 과정에 관한 인과적 모형을 개발하는 데 일차적인 목적을 두고 있었다. 이를 통해서 고과 태도를 결정하는 요소들의 효과를 분석하고, 아울러 직원들이 공정하다고 믿고 신뢰할 수 있는 제도를 마련하기 위해 어떤 부분이 먼저 개선되어야 하는가 하는 것에 관한 아이디어를 얻어 보고자 하였다. 나아가 모형 개발에 사용된 표본과 별도의 표본을 구성하여 교차 타당화 분석을 실시해 보고자 하였다.

직원들이 인사 고과 제도를 공정한 것으로 받아들이는가에 관한 문제는 앞으로 많은 기업에서 본격적으로 추진하게 될 업적주의, 능력주의, 성과주의 그리고 연봉제 등의 다양한 선진적인 인사 관리 기업의 성패를 가늠할 매우 중요한 토대가 된다는 점에서 연구해 볼 가치가 충분하다고 볼 수 있다.

이런 맥락에서 보면 인사 고과 제도의 마련과 운영에 있어서 개선을 의도하는 많은 기업 실무자들이 겪어야 할 시행착오를 줄이고 효율적인 개선의 성과를 이루어내기 위해서는 무엇보다 먼저 인사 고과에 관한 최종적인 태도 이를테면, 인사 고과 공정성, 인사 고과 수용도, 그리고 인사 고과 만족도 등이 어떠한 선행 요소에 의해서 어떤 식으로 결정되는지를 알아야 함은 물론이다.

아울러, 이와 같은 고과 태도와 선행 결정 요소들이 최종적인 직무 태도 이를테면, 조직 몰입이나 이직 의도 등에 어떤 영향을 미치는지에 대해서도 확인해 볼 필요가 분명히 있는 것이다.

상기한 바와 같은 고과 태도와 직무 및 조직 관련 태도에 대한 여러 결정 요소들의 효과를 인과적 분석 모형을 사용해서 경험적으로 검증하는 것이 본 연구의 목적이다. 이와 같은 연구가 이루어진 사례가 적어도 국내에서는 거의 없었다는 점에서 본 연구의 학문적 의미 역시 충분하다고 볼 수 있다.

이를 위해서 먼저 본 연구의 핵심 준거 변인이라고 할 수 있는 인사 고과 태도 변인 즉 인사 고과 공정성, 인사 고과 수용도 그리고 인사 고과 만족도에 관한 이론적 검토가 이루어져야 할 것이다.

1. 인사 고과 태도 변인에 대한 연구

인사 고과 체계나 운영에 관해서 가지는 직원의 태도로서 주로 연구된 개념들은 크게 세 가지였다. 인사 고과 공정성, 인사 고과 수용도 그리고 인사 고과 만족도가 그것이다. 이 세 가지 주요 태도 변인이 어느 한 연구에서 동시에 포함되어 다루어진 적이 없었기 때문에 이 세 가지 주요 태도 변인 간의 관계에 관해서는 적어도 아직까지는 확인된 연구 결과가 없는 실정이다.

물론, 이 세 변인이 동시에 고려되는 본 연구에서는 이들 간의 관계에 관해서 부분적으로나마 검증해 볼 것이다. 그러나 이 세 가지 변인들 간의 관계를 살펴봄에 앞서 각각의 고과 태도 변인에 관한 기존 연구들을 정리해 볼 필요가 있을 것이다.

1) 인사 고과 체계 수용도

인사 고과 체계의 효과성을 가늠하는 태도 지표들 중에서 가장 대표적인 것 중에 한 가지가 바로 인사 고과 체계를 사용하는 직원들의 심리적 수용(acceptability)이라고 할 수 있을 것이다. Kavanagh(1981)에 따르면 인사 고과 체계를 사용자가 심리적으로 받아들이는가 하는 문제는 해당 인사 고과 체계가 향후에도 지속적으로 활용될 수 있는가에 지대한 영향을 주게 된다. 유사한 맥락에서 Bass와 Barrett(1981)는 어떤 인사 고과 체계라도 그것이 성공적으로 활용되기 위해서는 무엇보다 먼저 사용자 입장에서 볼 때 고과 체계가 적절하다고(relevant) 여겨지고 또 받아들일 수 있는(acceptable) 것이어야 한다고 주장했다. 이에 더해서 고과 체계 수용도와 고과 체계에 대한 신뢰는 비단 관리 목적에서 중요할 뿐만 아니라 직원 개개인의 직무 동기에도 중대한 영향을 주게 된다(Kavanagh, 1981). 또한 고과 체계 수용도는 장기적으로 직원의 동기와 사기에 영향을 주게 되고, 이는 곧바로 제반 조직 목표 수행에 영향을 주게 된다는 것이다. 더욱이 인사 고과 체계는 제반 인적 자원 관리 관행들과 밀접하게

56

연계되어 있기 때문에 인사 고과 체계에 대한 수용도는 전반적인 조직 효과성에 영향을 주게 된다(Lawler, 1967; DeCotiis, 1977; Schneier, 1977; Dipboye & dePontbriand, 1981).

Kavanagh와 Hedge, 및 DeBiasi(1983) 등도 고과 체계의 수용도에 영향을 미치는 변인들을 확인하고자 두 군데의 대형 병원에 근무하는 직원 323명을 대상으로 연구를 실시하였다. 또한 이들은 수용도를 결정하는 매개 변인으로 고과 공정성을 상정했다. 일차적으로 이들은 각종 고과 과정 변인과 고과 내용과 관련된 변인들을 고루 포함시켜서 고과 체계의 공정성에 대한 태도에 영향을 주는 변인을 확인하고자 하였다. 이 연구에서 확인된 바에 따르면, 고과의 빈도와 고과의 정확성, 피드백의 양과 질 등이 고과 체계에 대한 태도에 영향을 주는 것으로 나타났다. 이 연구에서는 고과 체계의 수용도가 최종적인 종속 변인으로 사용되었다. 획득한 자료를 중다 회귀 분석한 결과, 고과의 정확성 내지 공정성이 고과 체계의 수용도 변량 중에서 가장 많은 부분을 설명하였다. 이 밖에도 피드백에 대한 만족도와 고과 기준에 대한 이해 정도가 역시 고과 체계의 수용도와 의미 있는 관계를 가지고 있다는 점이 확인되었다. 이 연구에서도 연구 표본 외에 별도의 교차 타당화(Cross validation) 표본을 구성해서 분석을 실시했다. 이 두 표본에서 설정한 모형의 설명량의 차이 즉 교차 타당화 표본에서의 설명량의 축소는 극히 미미했다(연구 표본 모형 설명량=.684, 교차 타당화 표본=.681).

Vance와 Winne, 및 Wright(1982) 등은 고과 체계의 수용도에

가장 유력한 예측 변인이 되는 것은 '목표 설정 여부에 대한 지각인 것을 밝혀냈고, 이어서 고과 요인의 정확성과 제공받은 피드백의 양이 중요한 영향을 준다는 점을 확인하기도 했다. 이러한 결과는 고과 요인의 직무 관련성과 향후 목표 및 활동 계획에 관한 토론 정도가 고과 체계에 대한 고과에 중요한 영향을 준다고 했던 Dipboye와 dePontbriand(1981)의 연구 결과를 지지하는 것이었다. 아울러 이 연구에 사용된 두 개의 종속 변인 즉 공정성 및 정확성과 고과 체계 수용도 사이에는 .49(p<.005)의 상관관계가 있는 것으로 나타났다.

Cawley와 Levy(1993)는 인사 고과 체계의 수용도와 공정성을 제고시키기 위해서는 다음과 같은 사항에 유의해야 함을 지적했다. 그들이 지적한 바에 따르면 인사 고과 체계가 공정한 것으로 받아들여지기 위해서는 우선, 1) 고과는 자주 실시되어야 하며, 2) 공식적인 고과 체계가 있어야 하고, 3) 고과자는 피고과자의 직무에 관한 충분한 지식을 가지고 있어야 하고, 4) 피고과자가 고과 결과에 대해서 이의를 제기할 수 있는 절차를 가지고 있어야 하며, 5) 고과 차원은 철저하게 직무 관련성이 있어야 하며, 끝으로 6) 현재 파악된 약점을 보완 및 개발하기 위한 구체적인 활동 계획이 마련되어야 한다.

2) 인사 고과 공정성

Bretz와 Milkovich, 및 Read(1992)는 미국 사기업들을 대상으

로 3차례의 대규모 설문 조사를 실시해서, 현재 조직이 인사 고과와 관련해서 당면해야 하는 가장 중요한 문제가 바로 '공정성(perceived fairness)'의 문제라는 점을 밝혀내었다. 특히 최근 국내에서도 관심의 초점이 되는 성과급제도(pay for performance system)를 도입하게 되면, 직원들이 이전보다 고과 즉 수행 평가의 정확성, 공정성, 완전성에 더 큰 관심을 가지게 될 것이다. 또한 그러한 관심이 점차 표면화되어 나타날 것이 분명하며, 결과적으로 고과 체계의 진단적 가치에 대한 논란이 점차 치열해질 것으로 예측할 수 있다. 이런 측면에서 볼 때, 성과급제도는 기존의 인사 고과 시스템의 장단점을 더욱 확대시켜 보여주는 일종의 확대경 역할을 하게 될 가능성이 매우 큰 제도인 것이다.

Landy와 Barnes, 및 Murphy(1978) 등은 Lawler(1967)가 제안한 모형을 토대로 고과 체계의 공정성 내지 정확성 지각에 영향을 주는 다양한 변인들을 확인하고자 하였다. 특히 이들은 고과 체계의 객관적인 특성 변인들에는 관심을 두지 않고, 고과 과정에 관련된 변인들과 여러 맥락적 변인들이 고과 체계에 대한 지각된 공정성에 가지는 관계를 연구하고자 했다. 이를 위해서 이들은 711명에 달하는 대기업 근로자들을 대상으로 고과 빈도, 고과의 질, 고과 결과의 활용 등을 묻는 총 12개의 문항으로 구성된 설문지로 조사를 실시했다. 또한 종속 변인인 고과 체계의 공정성은 단 한 개의 문항으로 물었다. 이 연구에서 회귀 분석 결과를 통해서 밝혀진 바에 따르면, 고과 체계의 공정성 지각과 유의미한 관계를 가지고 있는 변인은 1) 공식적인 고과 프로그램의 존재 여부, 2) 고과 빈도, 3) 피고과자의 수행 수준에 관한 고과자의 지식 정도, 4) 이의 제기 절차의 존재 여부, 그리고 5) 목표 설정 과정의 존재 여부 등이었다. 이 밖에도 미약하나마 개인의 약점 보완을 위한 활동 계획이 만들어지는지의 여부도 의미 있는 변인으로 회귀 방정식에 포함되는 것으로 나타났다($p<.01$). 더욱이 직원이 맡고 있는 직무 책임에 관해 상급자와 함께 동의를 이루어내는지의 어부와 수행 결과에 대해 비판받은 경우 느끼는 감정, 그리고 고과 동안에 급여에 관한 구체적인 논의가 이루어졌는가의 여부 또한 종속 변인과 유의미한 상관관계를 가지는 것으로 확인되었다. 그러나 이 세 가지 변인은 다른 독립 변인들과의 다중 공선성이 나타나서 최종 회귀 분석 모형에는 포함되지 않았다. 그리고 이들은 교차 타당화 표본을 구성해서 동일한 조사와 분석을 실시했다. 교차 타당화 분석 결과, 설명량의 축소가 아주 미약하다는 점도 확인했다(연구 표본 회귀 모형 설명량$=.54$, 교차 타당화 표본$=.51$). 그러나 이들의 연구에서 연구자가 맥락 변인으로 간주한 변인들 중 일부는 사실상 인사 고과 체계의 객관적 특성에 대한 직원의 지각을 묻는 것으로서 엄밀히 말하여 고과 체계가 아닌 고과 운영과 과정에 개입하는 맥락 변인들만으로 예측 변인을 구성했다고는 볼 수 없다. 오히려 인사 고과 체계와 과정 전반에 개입하는 결정 요소를 예측 변인으로 간주했다고 보는 것이 타당할 것이다. 이런 맥락에서 보면, 사실 이들의 연구는 본 연구와도 상당히 유사한 목적을 가지고 있는 것으로 볼 수 있다. 그러나 변인들의 측정 도구들이 차원별로

한두 개의 문항들로 구성되었기 때문에 측정 도구의 신뢰도를 충분히 담보(擔保)할 수 없었다는 점은 결과의 일반화를 제약할 수 있는 결정적 한계였다.

Landy와 Barnes-Farrell, 및 Cleveland(1980)는 고과 점수를 잘 받은 사람이 고과 체계를 더 공정한 것으로 지각할 것이라는 가설을 검증하기도 했다. 만약 이들의 예측이 사실이라면, 고과 체계에 대한 피고과자들의 공정성 지각의 수준을 높이려는 조직은 실제보다 고과 점수를 후하게 주어야 할지도 모를 일인 것이다. 그러나 연구 결과에 따르면 높은 고과를 받은 사람이 고과 체계를 더 공정하다고 지각할 것이라는 가설은 기각되었다.

Dipboye와 Pontbriand(1981)도 고과 체계와 인사 고과 그 자체의 공정성 지각에 영향을 주는 변인을 연구하였다. 이들은 1) 근로자들이 피드백 과정에 참여했는지와 2) 고과의 직무 관련성이 높다고 생각하는 정도, 3) 목표 지향적인 고과가 이루어졌다고 생각하는 정도, 그리고 4) 고과 결과가 얼마나 우호적인지에 대한 지각 등이 최종적으로 고과 체계에 대한 공정성 지각에 영향을 준다는 점을 확인하였다. 이 연구의 경우, 연구 개발이 주요 목표인 회사에서 과학자, 엔지니어, 기술자 등 다양한 직종에서 근무하는 근로자 474명을 대상으로 실시되었다. 이 연구에서 밝혀진 사실 중에서 유의해야 할 것은 근로자들이 피드백 과정에 참여하고, 향후 목표와 계획에 관한 논의가 이루어지고, 고과의 직무 관련성을 높게 지각하는 경우에는 고과 결과가 다소 부정적인 경우라도 수용도가 낮아지지 않았다는 점이다. 이런 결과를 보고 이들은 "근로자들이 고과 결과에 대해서 만족하지 못하는 경우라도 고과자들이 고과 과정을 더욱 공정하게 하기 위해서 구체적인 행동을 하게 되면 고과 체계와 고과 결과 피드백에 관한 근로자의 수용도는 오히려 증가할 수도 있다"고 말하기도 했다. 또한 목표 설정 여부가 수용도를 유의미하게 예측하지 못하는 것으로 밝혀진 이유에 대해서는 아마도 독립 변인들 간의 다중 공선성이 영향을 준 결과일 것으로 생각했다. 다른 연구에서와 마찬가지로 이 연구에서도 독립 변인들 간의 다중 공선성이 결과를 왜곡시킬 가능성이 있다는 점이 확인되기도 하였다. 이처럼 몇몇 연구에서 확인되는 바와 같이, 독립 변인 간의 다중 공선성의 문제는 이와 유사한 연구를 진행하려는 연구자들이 주의 깊게 살펴보아야 할 부분이다.

　Vance 등(1982)은 대도시 경찰국의 고과 체계에 대한 고과자와 피고과자의 반응에 영향을 주는 변인들을 알아보기 위해서 경찰관들을 대상으로 설문 조사를 실시하였다. 이 조사에서는 고과의 정확성 및 공정성과 여러 가지 태도 변인들, 이를테면 목표 설정에 관한 지각, 피드백 세션의 분위기, 그리고 기타 고과 맥락적 변인과 고과 과정 변인 등이 측정되었다. 동시에 경찰관들의 실제 고과 점수도 얻어 분석에 사용하였다. 종속 변인은 고과의 공정성 및 정확성(1문항), 고과 체계의 수용도(5문항)이었다. 수집한 자료는 위계적 회귀 분석을 통해 분석되었다. 첫 단계에는 인사 고과 점수가 모형에 포함되었고, 나머지 독립 변인들은 두 번째 단계에 투입하는 방식으로 분석을 진행하였다. 분석 결과,

우선 인사 고과 점수는 종속 변인인 직원의 공정성 지각 점수와 고과 체계 수용도와 유의미한 관계가 없는 것으로 확인되었다. 이와 같은 결과는 이전의 Landy 등(1980)의 연구 결과와 일치하는 것이었다. 또한 고과자가 피고과자의 수행에 대해서 관찰할 기회를 많이 가지고 있었다고 느끼는 경우에 고과 체계가 더 정확하고 공정하다고 생각하는 것으로 확인되었고, 이 관계는 통계적으로도 유의미하였다.

Barr와 Brief, 및 Fulk 등(1981)도 인사 고과 체계의 공정성 및 정확성 지각에 영항을 주는 변인들에 관해 연구했다. 이 연구는 사실 Landy 등(1978)이 실시한 연구의 교차 타당화 연구라고 할 수 있었다. 연구 결과, Landy 등(1978)의 연구에서 확인된 결과들이 대부분 지지되었다.

Murphy와 Cleveland(1991)은 조직 공정성 연구(Greenberg, 1990)가 인사 고과의 공정성 연구에 훌륭한 이론적 틀이 될 수 있다고 말했다. 조직 공정성 연구로 유명한 Greenberg(1986)는 지각된 인사 고과 공정성에 내재하는 두 개의 요인을 밝혀냈다. 하나는 절차 공정성(procedural justice)이고 둘째는 분배 공정성(distributional justice)이다. 절차 공정성은 이원적 커뮤니케이션, 이의 제기 가능성, 피고과자 업무에 대한 고과자의 지식수준, 고과 기준의 일관성 있는 적용, 고과 과정에 대한 직원의 정보 제공 또는 활용 등 다섯 가지 변인에 의해서 결정되며, 분배 공정성은 실제 수행에 근거한 고과, 고과 결과를 급여 및 승진과 연계시키려는 노력 등 두 가지 요인에 의해서 결정된다고 지적했다. 또한 그는 각각의 공정성(절차/분배)은 각기 다른 태도를 예측한다고 했다. 이와 유사한 맥락에서 Alexander와 Ruderman(1987)은 2,800여 명의 정부 공무원들을 대상으로 실시한 연구를 통해서 절차적 공정성은 경영층에 대한 신뢰, 이직 의도, 상사에 대한 고과, 갈등 및 조화, 직무 만족 등과 유의미한 관계가 있음을 확인했다. 또한 이직 의도를 제외한 모든 태도 종속 변인에 대한 설명량에서 절차적 공정성이 분배적 공정성보다 유의미하게 크다는 점도 확인했다. 이 연구의 경우, 이직 의도와 직무 만족도 등 직무 및 조직 관련 태도 변인이 분석 모형에 포함된 흔치 않은 연구였음을 주목할 필요가 있다.

이와 유사한 맥락에서 Tyler(1984)는 변호사들이 법정에 대해서 평가할 때, 지각된 불공정성이 어떤 영향을 미치는가에 관해 연구하기도 했다. 그는 이 연구에서 절차적 공정성이 전반적인 재판 시스템에 대한 평가와 대단히 유의미한 관계를 가지고 있으며, 분배적 공정성은 판결에 대한 만족 정도와 유의미한 관계를 가지고 있다는 사실을 확인해 내기도 했다.

또한 Tyler(1984)의 연구를 조직 장면에 확장시킨 Folger와 Konovsky(1989)에 따르면, 절차 공정성은 조직 몰입, 상사에 대한 신뢰와 유의미한 관계를 가지고 있는 반면, 분배 공정성은 자신의 급여 만족도와 유의미한 관계를 가지고 있음을 확인해 냈다.

그리고 Greenberg(1986)는 사람들이 자신이 받은 급여 수준에 대한 결정이 문서적 입증 자료를 바탕으로 이루어질 때 더 공정하다고 느낀다는 점을 밝혀내기도 했다. Dobbins와 Platz, 및

Houston(1994)도 최근 연구를 통해서 사람들이 절차적 공정성을 높게 지각할수록 전체 인사 고과 체계에 대한 신뢰가 높아진다고 주장하기도 했다.

Dobbins 등(1990)은 참여가 만족이나 수용도나 공정성 지각에 미치는 효과는 조직 유형과 직급 등에 의해서 조절된다는 사실을 밝혀내기도 했다. 이 연구 결과는 최종적인 태도 변인 이를테면, 공정성 지각이나 수용도에 미치는 참여의 효과 중 다른 변인의 매개에 의한 부분이 있음을 밝혀낸 중요한 연구였다.

Folger와 Konovsky, 및 Cropanzano(1992)는 상기한 바 여러 가지 고과 공정성 관련 연구 결과들을 바탕으로 인사 고과의 지각된 공정성에 영향을 주는 세 가지 요인을 제안하였다. 그 내용은 우선 고과 기준의 공개 및 설명, 둘째는 고과 과정에의 참여, 그리고 셋째는 객관적 증거에 의거한 고과였다. 이들은 이 연구 이전에도 인사 고과 체계의 절차 공정성 지각을 결정하는 요인을 주장한 적이 있었다(Folger & Greenberg, 1985). 그 세 가지는 아래와 같다.

1) 고과 기준이 적절하게 공표되고 설명되어야 한다.
2) 피고과자의 이의 제기 절차가 있어야 한다.
3) 증거(실제 수행에 관한 증거)에 의거한 고과라는 인상을 주어야 한다.

이들의 주장에서 특히 눈여겨볼 사항은 고과 기준이 직원들에게 분명히 전달되어야 고과 공정성을 높일 수 있다고 한 부분일 것이다. 즉 제도 자체의 객관적 특성도 중요하지만 객관적인 고과 준거 등을 포함한 제도적 장점을 직원에게 홍보하는 것도 매우 필요한 일이라는 지적인 것이다.

Landy와 Barnes, 및 Murphy(1978)는 공정성 지각의 변량 중에서 29%를 빈도, 피드백 여부, 부하 수행에 대한 상사의 지식, 이의 제기 절차 등이 설명하고 있다는 점을 확인하기도 했다. 공정성의 맥락에서 볼 때, 앞서 살펴본 인사 고과 체계의 수용도는 인사 고과 과정(절차 공정성)과 결과(분배 공정성)의 함수로 볼 수도 있을 것이다.

공정성 내지 정확성에 관한 기존의 연구에서는 이들 변인들을 대개 종속 변인으로 삼아 측정하였다. 공정성 내지 정확성을 수용도와 구분해서 각기 별도의 종속 변인으로 간주하고 다른 변인들과의 관계를 연구하였다. 다시 말해서, 대부분의 연구에서는 독립 변인들이 수용도나 기타 직무 관련 행동 등에 미치는 영향이 공정성이라는 변인에 의해서 조절된다는 점에 착안하지 않았던 것이다. 또한 수용도 이외의 기타 직무 및 조직 관련 태도 변인들과의 관계에 대해서도 종합적으로 분석해보지 않았다. 그러나 이제까지의 연구를 종합해 보면 정확성 내지 공정성은 그 자체로 최종적인 종속 변인이 될 수 있을 뿐만 아니라, 최종적인 태도인 수용도 등에 대한 독립 변인의 효과를 조절하는 조절 변인 내지 매개 변인으로 간주하여 효과를 확인해보는 것도 매우 의미 있는 일일 것이다.

3) 인사 고과 만족도

Bernardin과 Beatty(1984)도 인사 고과 체계에 대한 만족도가 인사 고과 체계의 효과성을 결정하는 중요한 역할을 한다고 지적하였다. 이들의 주장에 따르면, 인사 고과 불만족은 이직, 작업 동기 저하, 불평등 지각으로 이어진다. 따라서 각종 보상들을 고과 결과에 연계시킬 수 없게 되는 상황이 나타날 위험이 있다고 지적하기도 했다.

Dipboye와 dePontbriand(1981)는 인사 고과 체계에 대한 만족도 변량 중에서 약 25%를 최근 받았던 인사 고과 점수가 설명한다는 사실을 확인해 내기도 했다. 이처럼 최근에 높은 고과 점수를 받는 것이 인사 고과에 대한 만족도를 결정한다는 연구는 일부 있었다(Dipboye & dePontbriand, 1981; Russell & Goode, 1988; Bannister & Balkin, 1990). 이 점은 수용도의 경우에 이전에 받았던 인사 고과 점수와 큰 상관이 없음이 확인된 연구 결과(Landy, Barnes-Farrell, & Cleveland, 1980)와 상치되는 것이었다.

또한 인사 고과 과정에서 받은 피드백도 전반적인 인사 고과 만족도에 영향을 준다는 연구도 있다(Carroll & Schneier, 1982; Ashford & Cummings, 1983; Herold, Liden, & Leaderwood, 1987; Ashford, 1989; Dobbins, Cardy, & Platz-Vieno, 1990).

직원들이 인사 고과 체계의 개발 단계에 참여하거나 인사 고과 과정에 적극적으로 참여할 수 있게 되면 전반적인 인사 고과에 대한 만족도가 높아진다는 연구 결과도 있다. 구체적으로 Cawley와 Levy(1993)는 참여와 인사 고과 만족도 간에 약 .53 정도의 상관관계가 있음을 밝혀냈다. 이런 양상은 특히 전문직보다는 비전문직에서 이런 경향이 분명하다는 점도 확인해 내었다. 이들의 연구뿐만 아니라 다른 연구자들의 연구에서도 인사 고과 체계 개발과 단계나 혹은 실제 고과 과정에 직원이 직접 참여하게 되면 직원들이 고과에 대해서 가지는 태도가 우호(友好)적인 방향으로 변한다는 연구 결과는 비교적 일관되게 나타났다. 그렇다면, 왜 사람들은 자신이 직접 참여하면 만족도가 높아지는가? 이에 관해서 Lind와 Tyler(1988)가 연구를 수행하였다. 이 연구에서 이들은 두 가지 이론으로 이 현상을 설명하고자 시도했다. 우선 "자기 이익 모형(self interest model)"에서는 자신이 직접 인사 고과 과정에 참여함으로써 자신이 원하는 결과를 얻을 가능성이 커진다는 믿음을 가지고 있다고 설명한다. 또한 "집단 가치 모형(group value model)"에서는 사람들이 참여를 통해서 자신이 의사 결정 과정과 결과에 영향을 줄 수 있다고 기대하기 때문이라기보다는 단순히 참여 자체가 지니는 가치 표현적 기능에 만족하기 때문이라고 설명하기도 한다.

여기서 인사 고과 만족도와 인사 고과 체계의 수용도 간의 관계에 대해 생각해 볼 필요가 있다. 필자의 견해로는 수용도 역시 하나의 태도 개념인 점을 감안해 보면, 이 태도의 감정적 요소가 만족도일 수 있다는 추측이 들기도 한다. 그러나 만족도가 수용도의 하위 차원이 아니고 오히려 독립적으로 수용도를 결정하는 요인이 될 가능성도 무시할 수 없을 것이다. 이처럼 고과 관련 태도 변인들 사이의 관계에 관해서는 경험적인 연구 결과들이 부족했기 때문에 이 관계에 대한 규명 작업이 누군가에 의해서는 진행되어야 할 것이다. 물론 본 연구에서도 부분적으로나마 이들 고과 태도 변인들 사이의 관계가 확인될 것으로 기대한다.

Giles와 Mossholder(1990)는 그들의 연구에서 인사 고과 만족도라는 개념을 두 가지로 분리해서 연구하였다. 이들은 만족을 세션 만족도(session satisfaction)와 시스템 만족도(system satisfaction)로 구분하였다. 이들의 연구 결과에 따르면, 참여와 목표 설정과 같은 고과 과정 관련 변인들은 세션 만족도를 결정하고, 고과 체계의 복잡성이나 고과와 급여와의 연계성 등의 변인들은 시스템 만족도를 결정하는 것으로 나타났다. 또한 이 연구에서 특이한 점으로 확인된 것은 통제 변인으로 간주된 직무 만족도가 두 종류의 고과 만족도를 모두 유의미한 수준에서 설명하고 있다는 점이었다. 즉 직무 만족도는 세션 만족도를 약 9% 그리고 시스템 만족도를 약 20%나 설명하는 것으로 나타났다.

2. 인사 고과 태도 결정 요소들의 효과에 관한 연구

본 연구 II는 인사 고과 체계에 대한 직원들의 태도가 결정되는 과정에 관한 구조 모형을 개발하는 데 일차적인 목적을 두고 있다. 구조 방정식 모형을 검증할 가설적 구조 모형을 만들어 내려면 먼저 기존 연구들에 대한 검토가 이루어져야 할 것이다. 기존 연구 결과들을 요약해서 정리해보면 **그림 3**과 같다. **그림 3**에서 포괄하고 있는 개념들의 범위가 다소 크고 무리한 감이 없지 않으나, 먼저 기존 연구 결과들을 정리해 본다는 의미에서 제시해 보았다.

그림 3이 변인들 간의 인과관계에 관한 기존 연구 결과들을 정리한 것이라 일반적인 구조 모형의 형태로 구성되어 있으나, 이 그림은 기존 연구들에서 밝혀진 효과들을 요약해 본 것일 뿐, 본 연구에서 대규모 표본 자료를 바탕으로 검증해 보려는 최종적인 가설적 구조 모형이 아님을 밝혀둔다.

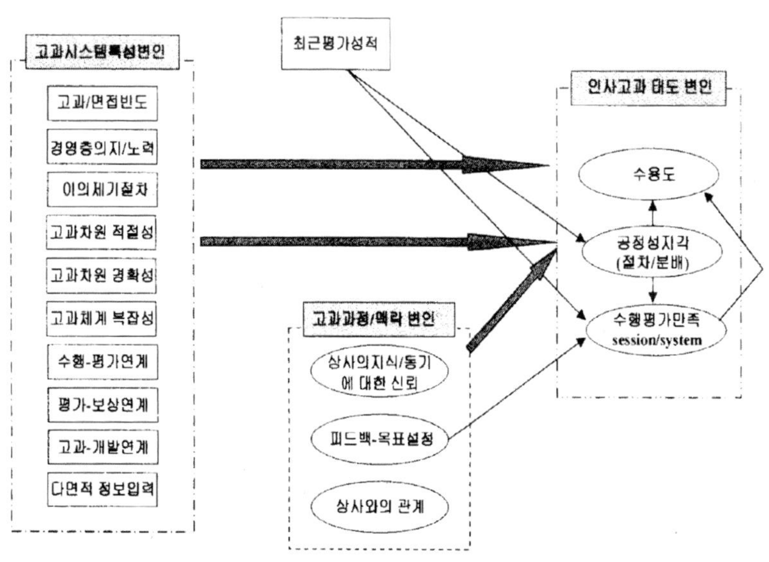

그림 3. 고과 태도 결정과정에 관한 기존 연구 결과의 통합

그림 3에 정리된 내용들을 개괄적으로 설명해 보면, 우선 인사 고과 체계에 대한 태도들은 크게 인사 고과 체계의 객관적 특성과 실제 인사 고과 과정에 개입하는 변인들에 의해서 결정된다. 그리고 이러한 태도 변인들은 궁극적으로 실제 직무 및 조직 관련 태도 변인들 이를테면, 이직 의도나 조직 몰입 등에 영향을 준다. 또한 인사 고과 체계의 객관적 특성이나 인사 고과 과정 관련 변인의 효과는 인사 고과 체계에 대한 태도 변인들에 의해 매개되어 최종적으로 직무 및 조직 관련 태도 변인에 영향을 준다. 아울러, 최근 고과 성적은 정확성이나 공정성 지각에는 영향을 주지만, 수용도에는 직접적인 효과를 가지고 있지 않다.

고과 시스템 특성의 효과

우선 기존 연구들을 통해 고과 시스템 특성들 중에서 고과에 대한 직원의 태도에 영향을 주는 것으로 확인된 변인들을 요약하면, 고과 빈도, 경영층의 의지와 노력, 이의 제기 절차, 고과 차원의 적절함, 수행-고과의 연계, 고과-보상의 연계 등이다. 기존 연구들에서는 상기한 각각의 변인들이 지각된 고과 공정성이나 수용도 혹은 고과 만족도 등의 결과 변수에 어떤 영향을 미치는지에 관해서 다양한 방법으로 분석되었다.

이러한 변인들은 회사에서 고과 시스템을 최초 설계할 때 이미 결정되는 것으로서, 고과 태도 등에 미치는 효과에 있어서 상당 부분 태생적 한계로 작용하는 경우가 많다. 이들 변인들은 실제 고과 시스템 속에 구현되어 있는 특성이므로 그 변인 자체의 변량을 가지기가 어려우며, 다만 그에 대한 적절성 내지 충분성 지각 등의 주관적 인식의 수준만이 달라지는 것들이다.

　대개의 연구에서 이들 고과 시스템 특성 변인들은 고과 태도를 직접적으로 예측하는 독립 변수로 간주되는 경우가 많았지만, 사실은 고과 과정 및 맥락 변수들에 의해서 매개 내지 조절되는 간접적 효과도 지닐 수 있는 것이다.

　많은 연구들 중에서 인사 고과 시스템에 대한 직원의 공정성 지각이나 수용도 제고의 방안을 제안했던 Cawley 등(1993)의 연구에 따르면, 인사 고과 체계에 대한 직원들의 공정성 지각이나 수용도를 높이기 위해서는 우선 고과를 자주 실시하고, 충분한 이의 제기 절차를 마련해야 하고, 또 고과 차원 및 기준이 철저히 직무와 관련성이 있어야 한다고 했다. 이외에도 고과자들이 자신이 평가하려는 직원의 직무 내용과 책임에 대해서 분명한 지식을 가지고 있는지의 여부라든가 고과 면접 동안 파악된 약점을 보완을 위한 구체적인 실천 방안이 논의되었는지의 여부와 같은 고과 과정과 관계된 변인들의 개선도 필요하다는 점이 지적되기도 했다. 그러나 전반적인 결과는 역시 고과 시스템 자체가 가진 객관적인 특성이 고과에 대한 직원들의 태도를 우호적으로 만드는 데 중요한 요인이 된다는 점을 확인해 준 연구 결과로 보는 것이 타당할 것이다.

　이와 유사한 맥락에서 Folger 등(1992)도 1) 고과 기준의 공개 및 설명, 2) 고과 과정에 참여, 3) 객관적 증거에 의거한 고과 방식 등의 세 가지 요인이 인사 고과에 대한 직원들의 공정성 지각에 영향을 준다고 제안하기도 한 바 있었다. 이러한 제안 역시 고과 시스템이 지니고 있는 객관적 특질이 고과에 대한 태도를 결정하는 중요한 요인이라는 점을 지지해 줄 수 있는 증거라고 할 수 있을 것이다.

복수 고과자의 활용과 관련해서 Meyer(1991)는 기존에 관행처럼 여겨지던 인사 고과의 하향적(top-down) 특성이 결과적으로는 인사 고과 체계의 수용도에 악영향을 준다고 주장했다. 즉 동료 고과나 부하 고과, 고객 고과와 같이 복수 고과자를 이용해서 인사 고과하는 것이 수용도 측면에서는 바람직하다고 주장했다. 우리나라의 경우 최근 들어 부분적으로 다면 평가 방식이 일부 기업에서 도입되고 있는 추세이기는 하지만, 아직도 주류는 하향식 고과이고 또 상향식 평가가 도입된 기업에서도 상당한 부작용이 나타난다는 보고가 있는 것을 보면 관행처럼 굳어진 하향식 고과 방식의 개선과 관련해서 많은 논의와 연구가 이루어져야 할 것으로 보인다.

고과 시스템 특성 중에서 직원의 적극적 참여와 관련하여 최근 Cawley 등(1993)은 흥미 있는 연구를 실시했다. 그들은 직원들의 참여가 인사 고과 체계에 대한 만족도에 미치는 영향에 관해 연구하였다. 연구 결과 참여도와 만족도 사이에는 약 .53 정도의 정적인 상관이 있음을 밝혀내기도 했다. 특히 이러한 경향은 전문직보다는 비전문직에서 눈에 띈다는 점도 확인했다.

또한 고과 시스템의 세부 특성이 아니라 단지 '공식적인 고과 시스템이 존재'한다는 사실만으로도 고과 체계에 대한 직원의 수용도가 높아질 수 있음을 확인한 연구자도 있다(Landy 등, 1978). 그러나 본 연구자는 인사 고과 결과의 활용 목적과 관련해서 공식적인 고과 체계가 있는가 없는가의 문제보다 오히려 고과 결과가 어떤 장면에 활용될 것이라고 지각하는가의 문제가 직원들의 태도와 관련해서 더욱 중요한 문제일 것으로 생각된다. 즉 인사 고과 결과가 개발 즉 직원의 성장을 위해 사용될 것이라고 생각하는가 아니면 단순히 승진이나 급여 등의 각종 인사 처우와 관계된 의사 결정을 위한 기초 자료로 사용될 것이라고 생각하는가에 따라서 여러 독립 변인들이 공정성, 정확성 그리고 수용도 등에 미치는 효과의 강도와 방향이 달라질 것이라고 생각할 수 있기 때문이다. 이런 맥락에서 Landy와 Farr(1980)는 인사 고과 체계가 무슨 목적으로 사용되는가는 고과 과정 전반에 차별적인 영향을 줄 것이므로 매우 중요하게 다루어 보아야 할 문제라고 말하기도 했다. 아울러 이들은 인사 고과 체계가 의도한 목적이 무엇인지가 고과 점수의 심리 측정적인 특성에도 영향을 줄 것이라고 말하면서, 인사 고과가 관리적 목적을 위한 것이라면 고과 점수가 전반적으로 높아지는 '관대화 효과'가 나타날 것이라고 예측하기도 했다. 즉 심리 측정적인 측면에서 고과 결과의 정확성이 떨어지게 될 수도 있다는 점을 지적하기도 했다. DeCotiis와 Petit(1978)도 이처럼 고과의 정확성이 미치는 효과는 고과의 목적과 비밀 보장의 체계가 있는지의 여부(Bartlett & Sharon, 1969), 역할 갈등의 정도(Dayal, 1969), 그리고 향후 피고과자가 받게 될 불이익의 가능성에 대한 지각(Dwyer &

74

Dimitroff, 1976) 등이 개입한 결과로 볼 수 있을 것이라고 했다. 이 밖에도 많은 연구자들이 고과가 개발의 목적으로 사용될 때 더 정확한 고과가 이루어질 것이라고 예측하기도 했다(DeCotiis & Petit, 1978; Meyer, Kay, & French, 1965).

또한 고과 차원의 적절성 즉 고과 차원의 직무 관련성과 관련해서, 인사 고과의 수용도를 높이고 직원들이 인사 고과 체계를 공정하다고 받아들이기 위해서는 작업 행동과 결과를 정확히 대변해 주는 적절하고 중요한 수행 차원의 선정이 무엇보다 중요해질 수 있다. 아울러, 직원들은 회사 측에서 직원들의 인사 고과 체계를 합리적으로 운영하려고 많은 노력을 기울인다고 지각할 경우에 인사 고과 체계에 대해서 더욱 만족하는 경향이 있다 (Giles 등, 1997).

고과 차원의 적절성 내지 정확성이 얼마나 중대한 문제인가에 대해서는 국내 연구 기관이 실시한 기업 인사 고과 실태 조사에서도 확인되고 있다. 최근 경총 노동 경제 연구원에서 실시한 "한국 기업의 인사 고과 실태 조사" 결과, 전체 응답자들 중에서 약 36%에 해당하는 인사 관리 담당자들이 고과 요소 및 고과 기준의 재정비를 인사 고과와 관련해 가장 시급하게 해결해야 할 사항으로 생각하고 있음이 확인되기도 했다(안희탁, 1994a; 1994b). 이와 유사한 맥락에서 이창우(1998)도 인사 고과의 취지를 올바로 살리기 위해서는 준거 설정 작업이라고 할 수 있는 '무엇을(what)'에 관한 문제에 더 많은 관심을 가져야 한다고 지적하기도 했다.

인사 고과 과정 및 맥락 특성의 효과

인사 고과 과정 및 맥락 특성에 관한 변인들의 대부분은 역시 고과자와 관계된 것들이라고 볼 수 있다. 고과자 즉 상사들이 피고과자(하위 직원)가 수행하는 일의 내용과 실제 피고과자들이 보이는 업적에 대해서 잘 알고 있고, 또 잘 알기 위해서 노력하는가 하는 점은 인사 고과 체계의 운영과 관련해서 매우 중요한 요소일 것이다. 이른바 '부하의 수행에 관한 상사의 지식'이라는 변인으로 기존 연구에서 주로 다루어 온 개념이 바로 그 부분을 측정하는 변인이라고 볼 수 있다(Landy 등, 1978). 그러나 본 연구에서는 Landy 등(1978)이 상정한 개념적 정의를 받아들여서 부하 직원의 수행이나 혹은 부하가 하는 일의 내용에 관해서 상사 즉 고과자가 충분한 지식을 가지고 있는지를 예측 변인으로 포함시킬 것이며, 아울러 Landy 등(1978)의 개념적 정의를 확장시켜서 과연 고과자 즉 상사가 부하의 직무 수행 수준을 정확하고 객관적으로 평가하려는 의지가 있는지에 관해서도 조사해 볼 예정이다. 이 구성 개념이 인과적 모형 속에서 어떤 관계를 가지는가에 관한 가설은 여러 연구에 토대를 두었다. 먼저 DeCotiis와 Petit(1978)은 그들의 연구에서 고과의 정확성은 고과자가 지닌 여러 가지 능력의 함수로 결정되기도 하는데, 그러한 능력 중에는 고과자가 피고과자의 직무 행동을 관찰할 수 있는 기회와 능력이 포함된다고 주장했다. 이와 유사한 맥락에서 Landy 등 (1980)은 고과의 정확성은 부하의 수행과 직무 그 자체에 대해서 고과자가 얼마나 잘 알고 있는가에 의해서 부분적으로 결정된다고 했다. 이러한 경로에 대한 가설은 이미 Barr 등(1981), Dipboye 와 dePontbriand(1981) 그리고 Vance 등(1982)의 연구에서 지지 되기도 했다. 그리고 Vance 등(1982)의 연구에서는 이 변인이 인사 고과 체계의 공정성과 정확성 지각에 유의미한 효과를 가 지는 것으로 밝혀진 바 있었다. Barr 등(1981)은 상사가 부하의 수행에 대해서 잘 알고 있을수록 상사의 책임 중에 하나인 조력 자의 역할을 잘 수행할 수 있다고 했다. 따라서 이 변인은 상사 와 가지는 대인 관계 특성이나 인사 고과 세션 과정의 분위기, 피드백 목표 설정 등에 의해서 조절되어 정확성이나 공정성 지 각에도 영향을 줄 것으로 생각할 수 있다.

다시 말해서 인사 고과 체계의 정확성이나 공정성 지각, 나아가 수용도는 고과 빈도와 같은 객관적이고 공식적인 인사 고과 체계 의 특성에 의해 달라질 수 있을 뿐만 아니라 상사와 부하가 인사 고과를 해나가는 방식과 관계된 변인에 의해서도 영향을 받는다 는 점이 여러 연구에서 확인되었다(Barr, Brief, & Fulk, 1981; Ilgen, Peterson, Martin, & Boescher, 1981; Ilgen, Barnes-Farrell, & McKellin, 1993). 특히 인사 고과는 본질적으로 대단히 민감한 문제이기 때문에, 고과자와 피고과자 사이에 우호적인 분위기가 형성되어 있는가 하는 문제가 인사 고과의 효과성에 아주 중대한 영향을 줄 것으로 생각할 수 있다(Huse, 1967).

Barr 등(1981)은 그들의 연구에서 상사와 부하 간에 형성되어 있는 우호적인 관계가 공정성이나 정확성 지각과 매우 유의미한 인과관계를 가지고 있다는 것을 확인하였다. 또한 Graen과

Schieman(1978)의 연구나 Roberts와 O'Reilly(1974)의 연구에서도 이 변인이 정확성과 유의미한 관계를 가지고 있다는 점을 이론적 그리고 경험적으로 확인하기도 했다. 동시에 이 변인은 피드백 목표 설정(Ilgen, Barnes-Farrell & McKellin, 1993)과 인사 고과 세션 과정에서의 분위기(Ilgen, Peterson, Martin, & Boeschen, 1981)와도 유의미한 관계가 있음이 확인되기도 했다.

인사 고과 결과를 피고과자에게 피드백하는 과정에서 구체적인 향후 목표가 설정되는가의 문제 즉, 피드백과 목표 설정의 문제도 매우 중요한 인사 고과 과정 변인이 된다. 본 연구에서 이 구성 개념은 피드백에 대한 만족과 목표 설정에 대한 만족 모두를 측정하는 다차원적인 개념이다. 이 두 가지 영역에 대한 연구는 상당히 많은 편이다. 그중에 본 연구와 관련해 의미 있는 것들을 요약하면 아래와 같다.

Landy 등(1978)의 연구에 따르면, 향후 계획에 관한 논의(예, 목표 설정) 즉 피고과자의 수행상의 약점을 보완하여 수행을 개선시킬 수 있도록 구체적인 활동 계획을 마련했는가 하는 점이 공정성 지각이나 정확성 지각에 결정적인 영향을 준다는 사실이 확인되었다. 아울러 Barr 등(1981)의 연구에서도 "수행상의 약점과 관계된 활동 계획"이란 변인에서 "지각된 공정성 및 정확성" 변인 사이에 유의미한 경로가 설정됨이 밝혀지기도 했다.

Dipboye 등(1981)의 연구에서도 인사 고과 과정에 참여했다는 사실과 더불어 인사 고과 피드백 과정에서 구체적인 목표나 계획에 관한 논의가 있었는가 하는 점이 전체 인사 고과 체계에 대한 직원들의 견해에 매우 유의미한 영향을 주고 있다고 확인되었다. 또한 Vance 등(1982)의 연구에서도 마찬가지로 피드백과 목표 설정 과정에 관한 지각이 인사 고과 체계의 수용도와 유의미한 관계가 있는 것으로 확인되기도 했다. 끝으로, Kavanaugh와 Hedge, 및 DeBiasi(1983)의 연구에서도 인사 고과 세션을 통해 획득된 피드백 내용에 대한 만족 여부가 전반적인 인사 고과 도구의 수용도와 유의미한 상관관계가 있음이 밝혀졌다. 이외에도 고과 과정과 관련해서 고려해 볼 필요가 있는 개념은 "고과 세션의 분위기"를 생각해 볼 수 있다. 이 구성 개념은 일찍이 Landy 등(1978)이 말한 "고과 시 자신의 감정을 표현할 기회"라는 변인의 정의와도 유사한 것이다. 전체적인 인사 고과 세션의 결과는 상사와 부하 그리고 그 부하의 수행이라는 것 사이의 상호 관계에 의해서 결정될 뿐만 아니라 전반적인 인사 고과 세션의 분위기도 영향을 주는 것으로 볼 수 있다. 특히 이 분위기라는 것은 부분적으로는 상사의 통제에 따라 달라질 수 있는 것이기 때문에 상사가 의도한 목표 즉 부하 수행 개선을 위한 조력자로서의 역할을 성공적으로 수행하기 위해서라도 이 세션의 분위기를 보다 우호적으로 유도해 나갈 필요가 있는 것이다. Dipboye와 dePontbriand(1981)의 연구에서 확인된 바에 따르면, 이 변인은 인사 고과 자체와 인사 고과 체계에 대한 견해와 유의미한 상관이 있었다.

인사 고과에 대한 태도

앞서 언급한 바 있지만, 이제까지 이루어진 연구들이 상정하고 있는 인사 고과 관련 태도 변인으로는 크게 지각된 정확성, 공정성, 수용도 그리고 만족도 등이다. 이외에도 다른 태도 변인들을 생각할 수 있겠지만, 역시 주로 연구되어서 경험적인 입증 자료가 갖추어진 변인들은 상기한 네 가지가 전부라고 보아도 무방할 것이다. 이 각각의 태도 변인에 관계된 연구들을 정리해 보면 아래와 같다.

우선 '지각된 정확성'에 관한 연구 결과를 살펴보겠다. DeCotiis와 Petit(1978)는 고과의 정확성을 결정하는 요인들에 관한 모형을 개발하기도 했고, 이를 위해 다양한 연구를 종합하였다. Landy와 Farr(1980)도 이 정확성이라는 개념에 초점을 맞추어 연구를 진행했으며, Borman(1977; 1979)도 이 개념에 대해서 체계적으로 연구하였다. Ilgen(1993)도 역시 정확성 지각에 미치는 피드백의 효과에 대해서 연구한 바 있으며, Graen 등(1978)이나 Roberts 등(1974) 역시 상사 부하 간의 우호적인 관계와 고과 정확성 간의 관계에 대해서 연구하기도 했다. Vance 등(1982)은 인사 고과의 공정성과 정확성 지각이 인사 고과 체계의 수용도를 예측하는 가장 강력한 변인임을 확인하였다. 이들의 연구에서는 '고과 수용도'라는 변인은 정확성 지각이나 공정성 지각에 따라 달라지는 변인으로서 고과 공정성 및 고과 정확성의 효과를 받는 종속 변인이다.

다음으로 "지각된 공정성"에 관한 연구 결과를 살펴보겠다. 본 연구에서는 이 구성 개념을 앞서 언급한 정확성이라는 개념과 동일한 것이거나 아니면 정확성이라는 개념을 포함하는 보다 광

의의 구성 개념으로 간주하고 있다. 본 연구에서는 '지각된 공정성'이라는 개념을 "자신이 받은 고과 점수와 자신과 유사한 수행을 보였다고 생각되는 다른 사람이 받은 고과 점수와의 비교 결과에 의해 결정되는 것"으로 정의하고 있다. 따라서 이 개념은 특히 조직에서 인사 고과 결과에 근거해서 여러 가지 보상을 제공하는 경우에 더욱 두드러진 역할을 수행하게 된다.

그리고 Greenberg(1986; 1990)에 따르면 "지각된 공정성"도 두 가지 독립적인 요인으로 구분할 수 있다고 보았다. 즉 그는 공정성 개념이 '절차적 공정성(procedural justice)'과 '분배적 공정성(distributive justice)'으로 분리되어야 한다고 주장하면서, 이 두 가지 공정성 개념이 각기 별도의 직무 행동이나 직무 태도를 예측하게 된다고 주장하기도 했다. 인사 고과의 공정성에 관한 Giles, Findley와 Feild(1997) 등의 연구에서도 고과 공정성은 고과 수용도와 고과 만족도 양쪽에 영향을 주고 궁극적으로는 이 영향이 상사에 대한 신뢰감을 거쳐서 직무 관련 태도나 행동으로 이어질 것이라고 주장했다.

그러나 인사 고과를 연구한 여러 학자들 중에는 '지각된 공정성'과 '지각된 정확성'을 단일한 개념으로 간주하는 경향이 지배적이었다. 따라서 본 연구 모형에서도 이 둘을 별도의 개념으로 간주하여 분리하지 않고, '지각된 공정성'이라는 변인과 동일한 개념으로 간주했다.

다음으로는 "인사 고과 체계의 수용도"에 관한 연구 결과들을 정리해 보겠다. Lawler(1967)는 일찍이 인사 고과 체계의 수용도는 시스템 변인, 과정 변인, 그리고 맥락 변인의 함수로 결정된다고 보았다. 또한 Kavanaugh(1981)는 이 변인이 인사 고과 체계 자체에 대한 고과 준거들 중에서 가장 무시되어 온 준거라고 말하면서, 제 아무리 좋은 고과 체계라고 하더라도 사용자들이 그 인사 고과 체계를 받아들이지 않으면 즉 수용하지 않으면 결국 실패할 수밖에 없다고 지적하기도 했다. Cummings(1976)는 표준화된 절차 속에 고과 결과에 관한 공식적인 피드백 과정을 포함시켜야 사용자들의 고과 체계 수용도가 높아질 것이라고 말하기도 했다.

끝으로 "인사 고과 만족도"는 "수용도"와 마찬가지로 직무 관련 태도 즉 이직 의도와 조직 몰입에 영향을 주는 것으로 되어 있다(Bernardin & Beatty, 1984). 역시 이들의 연구에서도 고과 만족도는 고과 수용도와 엄밀한 의미에서 분명한 선후 관계가 있는 독립적인 변인으로 간주하고 있는 것이다. 이런 연구 결과를 전적으로 믿는다면, 본 연구에서도 고과 만족도와 수용도, 그리고 지각된 공정성 사이에 어떤 형태로든 경로 관계를 설정해야 하겠지만, 아직 자료가 부족한 상태이므로 경로를 확인해 보기에 앞서 우선 이들 변인 간의 상호 관계성을 검증해 볼 필요가 있을 것이다. 따라서 향후에 진행될 모형 개발 연구에서도 이들 세 가지 태도 변인 사이의 상호 관계와 이 태도 변인들에 내재하는 잠재 요인의 구조에 대해서 분석의 초점을 맞추게 될 것이다.

또한 이 만족도는 최근 인사 고과 성적에서 직접적인 영향을 받는 것으로 상정할 수도 있을 것이다. 실제로 이와 같은 경로는

Dipboye 등(1981)의 연구 결과에서도 확인된 바 있다.

또한 인사 고과 과정에서 받은 피드백도 전반적인 인사 고과 만족도에 영향을 준다는 연구도 있다(Carroll & Schneier, 1982; Ashford & Cummings, 1983; Ashford, 1989; Herold, Liden, & Leaderwood, 1987; Dobbins, Cardy, & Platz-Vieno, 1990). 이들 연구 결과들을 바탕으로 **그림 3**에도 '피드백 - 목표 설정'에서 고과 만족도로 이어지는 경로가 표시되어 있다.

3. 인사 고과 체계에 대한 태도 결정 구조 모형 설정

본 연구에 포함시킨 고과 태도 결정 요소들은 크게 세 가지 잠재 요인으로 구분된다는 사실이 자료 분석 결과 확인되었다 (연구 Ⅰ). 아울러 기존 연구에서 별도로 연구되었던 인사 고과 태도들 이를테면, 고과 공정성, 고과 수용도, 그리고 고과 만족도 가 모두 단일 공통 요인으로 묶인다는 사실도 확인하였다. 여기 에 최종적인 직무 및 조직 관련 태도라고 볼 수 있는 조직 몰입 과 이직 의도를 포함시킨 포괄적인 구조 방정식 모형을 가설적 으로 설정하였다. 잠재 요인 간 경로는 기존 연구 결과들을 통합 해서 정리한 **그림 3**의 내용을 근거로 설정하였다. 그 내용을 **그 림 4**에 제시했다.

모형에 포함된 측정 변인과 잠재 요인의 내용을 좀더 구체적 으로 정리해 보겠다. 우선 인사 고과 태도 결정 요소는 크게 세 가지 요인 즉, 고과자 및 고과 맥락 요인, 고과 체계 및 운영의 민주성 요인, 고과 도구 및 체계의 적절성 요인 등으로 구성되어 있는 것으로 나타났다. 이 중에서 고과자 및 고과 맥락 요인에는 고과자에 대한 신뢰, 고과자의 고과 의지, 고과자의 능력 및 지식, 고과자와의 평소 인간관계 등 총 네 개의 결정 요소들이 포함되어 있다. 다음으로 고과 체계 및 운영의 민주성 요인에는 고과 체계 개발 시 직원 참여, 이의 제기 절차의 현실성, 다면적 관련 정보 수용, 고과 결과와 개발 목표와의 연계, 그리고 고과 면접 횟수의 충분함 등 총 5개의 결정 요소들이 포함되어 있다. 마지막으로 고과 도구 및 체계의 적절성 요인에는 고과 기준 및 고과 항목의 명확성, 고과 체계의 복잡성, 그리고 고과 기준 및 항목의 적절성 등 세 가지 결정 요소가 포함되어 있다.

다음으로 종속 변인이라고 할 수 있는 인사 고과 태도 요인에는 고과 공정성 지각, 고과 수용도, 그리고 고과 만족도 등 세 개의 측정 변인이 포함되어 있다. 아울러, 직무 및 조직 관련 태도는 이직 의도와 조직 몰입 등 두 개의 측정 변인을 포함시켰다.

본 연구자가 설정한 경로에 대해서 설명해 보겠다. 우선 고과 체계 및 도구의 적절성 요인, 고과 체계 및 운영의 민주성 요인 그리고 고과자 및 고과 맥락 요인 등 세 가지 요인이 각각의 하위 측정 변인과 맺는 관계에 관해서는 앞서 진행되었던 탐색적 요인 분석과 확인적 요인 분석 결과 해석을 통해 언급되었으므로 본 장에서는 생략하기로 한다. 또한 고과 태도 요인과 이 요인에 속하는 하위 측정 변인들 사이에 설정된 경로에 대한 설명

역시 앞서 진행된 바 있는 고과 태도 변인 간 관계 분석을 통해 언급되었으므로 생략하겠다.

따라서 본 경로 모형에서 새롭게 설정된 경로는 네 가지 요인과 직무 혹은 조직 관련 태도 변인인 이직 의도와 조직 몰입 사이의 관계에 관한 것들이다. 우선 직원의 이직 의도는 고과 태도 변인에서 오는 직접 경로와 고과 태도가 조직 몰입이라는 변인을 거쳐서 오는 간접 경로를 가지고 있는 것으로 상정했다.

직원이 인사 고과에 대해서 가지는 태도는 앞서 분석한 바대로 고과 공정성, 고과 수용도, 그리고 고과 만족도가 거의 구분되지 않은 채로 혼합되어 있는 상태였다. 이 고과 태도를 결정하는 요인으로서 본 연구자는 고과 제도 및 운영 전반에 관한 직원들의 인식에 기반을 둔 세 가지 요인을 상정했다. 우선, 고과 제도 및 운영의 민주성이라는 요인은 고과 태도에 대한 직접 효과와 아울러, 고과 체계 및 도구의 적절성을 통한 간접 효과와 고과자 및 고과 맥락 요인을 거치는 간접 효과를 모두 상정했다. 개념적으로 고과 민주성에 대한 직원의 인식은 곧바로 고과 제도 및 운영에 관한 공정성 지각 수준과 고과 제도에 대한 심리적인 수용 정도 그리고 고과 제도 전반에 대한 만족도와 직접적으로 연관되어 있는 것으로 생각하였다.

다음으로 고과 체계 및 도구의 적절성은 그간의 연구에서 지적된 바와 같이 고과 공정성이나 수용성에 직접적인 효과가 있는 것으로 간주하였다. 아울러 이 요인은 그러한 고과 체계 및 도구를 실제로 사용하는 당사자라고 볼 수 있는 고과자들에 대한 신뢰나 그들의 평가 능력과 의지에 관한 신뢰 없이는 온전히 고과 공정성이나 수용도 제고에 기여할 수 없을 것이라는 가정을 가지고 고과자 및 고과 맥락 요인에 의해 매개되는 간접 경로도 가지고 있는 것으로 상정했다.

끝으로 고과자 및 고과 맥락은 고과 태도로 이어지는 직접 경로만을 상정했다. 이처럼 별도의 간접 경로를 설정하지 않은 이유는 사실 고과자는 개별 직원에 대한 평가 결과가 나오는 최종적인 통로라는 생각 때문이었다. 즉 좋은 제도와 도구를 가지고 있고 그 제도와 도구를 사용하는 당사자의 고과 능력이나 의지 없이는 조직에서 원하는 희망적인 고과 활용이 어렵다고 볼 수 있기 때문이었다. 피고과자들도 이 점에 대해서 분명한 생각을 가지고 있을 것 같다는 가정이 있었다.

모형의 경로 설정에 있어서 한 가지 아쉬웠던 점은 기존의 몇몇 연구에서 부분적으로 확인되기도 했던 최근 고과 점수의 효과를 검증해 볼 수 없게 된 것이었다. 최근 고과 점수라는 측정 변인은 전체 응답 자료 1,063 사례 중에서 약 42.1%에 해당하는 442 사례에서 결측치가 발생했으므로 아쉽게도 본 연구 모형에서 제외시켜야 했다.

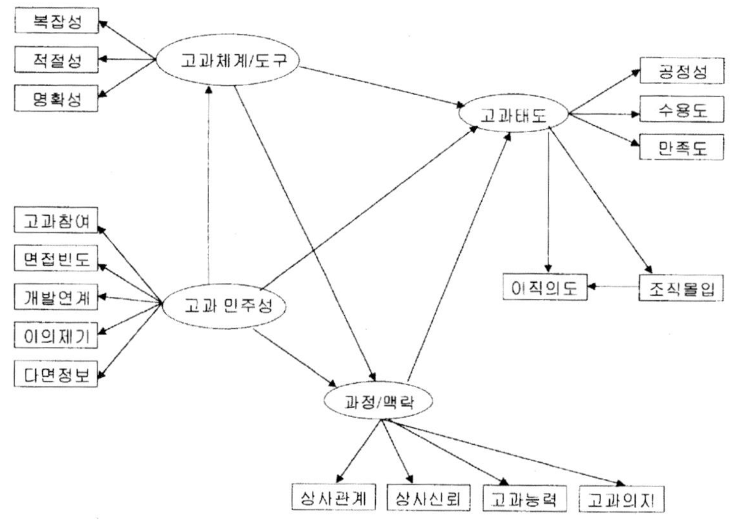

그림 4. 인사 고과 태도 결정 요소의 효과에 관한
가설적 구조 방정식 모형

4. 연구 방법 및 절차

1) 조사 대상 및 조사 시기

본 조사는 국내 정부 기관과 일반 사기업에서 근무하는 재직
자 1,063명을 대상으로 실시되었다. 이들을 대상으로 1999년 12월
에서 2000년 2월까지 약 세 개월간에 걸쳐 설문 조사를 진행하였
다. 조사 대상으로 선정된 기업의 인사 담당자와의 면접을 통해
그들에게 연구 내용과 의미를 소개하고 협조를 구하여 실사를

진행시켰다. 그러나 조사 대상 기업 중 일부 기업 인사 담당자는 조사 내용이 시기적으로 지나치게 민감한 사안이 된다는 이유로 조사를 거부하기도 했다.

　본 연구자는 가능하면 정부 기관과 사기업의 비율을 5 대 5로 맞추어 보려고 노력했으나 여러 가지 현실적인 사정으로 인해서 약 4 대 6 정도로 사기업 표본의 크기가 커지게 되었다. 또한 조사 대상자의 직급이나 성별을 확률적으로 표집하고자 시도했으나, 조사 대상 기업에서 현실적인 이유를 들어 애초에 연구자가 의도한 비율로는 표집 자체가 불가능하다고 하여 일단은 비율을 무시하고 표집하기로 합의했다. 이 점은 연구 결과의 일반화에 한계로 작용할 가능성이 있는 것은 사실이다. 그러나 실제로는 기존 연구에서 성별이나 직급에 따라 의미 있는 차이가 나타났다는 연구 결과가 발표된 바가 없었으므로 크게 문제가 될 사항은 아닌 것으로 판단했다. 조사 대상 기업별 표집 인원과 직급별 분포는 **표 10**에 정리해 두었다.

표 10. 조사 대상 기업별 표집 인원

기업분류	기업명	인원수(명)	소 계	계
정부 기관	철도청	419	459	
	한국 가스 공사	40		
사기업	H 산업 개발	80	604	1063
	L 유통	108		
	D 전자	181		
	L 전자			
	K 유화			

2) 표본 분할

본 연구자는 전체 표본을 연구 표본과 교차 타당화 표본으로 분할하여 분석에 사용하였다. 표본 분할 비율은 5 대 5로 맞추기로 하였다. 표본 분할 방법은 우선 전체 표본을 크게 정부 기관과 사기업으로 나누어 각각 해당 표본 중 약 50% 정도를 무선적으로 선택해서 연구 표본으로 또 나머지는 교차 타당화 표본으로 강제 할당하였다. 정부 기관 표본과 사기업 표본 각각에서 50% 무작위 선택할 때에는 SPSSWIN에서 제공되는 무선 추출 후 사례 선택 방식을 사용했다. 이 방법은 분석자가 임의로 설정해 준 사례 선택 비율에 의거해서 그 비율에 가장 가깝도록 무선 할당시키는 절차이다. 따라서 분석자가 50% 비율을 설정했다고 해도 정확히 표본이 1/2로 갈라지는 경우는 거의 없고, 50%에 가장 근접한 비율로 표본이 갈라지게 된다. 이처럼 정부 기관과 사기업 표본이 각각 약 50%의 표본 크기로 나누어지면, 정부 기관 표본의 약 50% 표본과 사기업 표본의 약 50% 표본을 합해서 연구 표본을 만들고, 그 나머지를 합쳐서 교차 타당화 표본을 만들게 된다.

이런 절차를 통해 만들어진 연구 표본의 크기는 552명이고 이는 전체 분석 대상자 중 약 51.9%에 해당했다. 이 중 정부 기관 표본이 241명(43.6%)이고 사기업 표본이 311명(56.4%)이었다. 마찬가지로 교차 타당화 표본은 511명으로 전체 대상자 중에서 약 48.1%에 해당하는 크기였다. 이 중 정부 기관 표본이 217명

(42.5%)이고 사기업 표본이 294명(57.5%)이었다. 그러나 척도 신뢰도를 산출할 때에는 통합 표본(n=1,063)을 사용해 분석했다.

연구 표본은 최초 구조 방정식 모형의 검증 및 수정 모형 개발 작업에 사용되었으며, 교차 타당화 표본은 연구 표본 자료를 바탕으로 만들어진 수정 모형의 교차 타당도 분석에 사용되었다.

3) 조사 도구

본 연구에서 사용한 조사 도구는 크게 6가지 범주에 모두 26개의 하위 척도로 구성되어 있으며 총 문항 수는 101개였다. 이 조사 도구는 앞서 **연구 Ⅰ**에서 완성된 고과 태도 진단 척도를 그대로 사용한 것이었다. 자세한 내용은 **표 11**을 참조할 수 있다.

각각의 범주에 속한 하위 척도들의 내용을 살펴보겠다. 우선 인사 고과 체계 특성 지각 범주에는 고과 횟수의 충분함, 면접 횟수의 충분함, 경영층의 의지와 노력, 고과 개발 시 직원의 참여, 고과 기준 및 항목의 적절성, 고과 기준 및 항목의 명확성, 고과 체계의 복잡성, 다면적 정보 입력, 수행-고과 연계, 고과-보상 연계, 고과-개발 연계, 그리고 이의 제기 절차 등 총 12개의 하위 척도가 포함되어 있다.

다음으로 고과 과정 및 맥락 지각 범주에는 고과 과정에의 직원 참여, 고과자와의 관계, 고과자의 고과 능력 및 지식 소유, 고과자의 고과 의지, 고과자에 대한 신뢰, 그리고 피드백 및 목표 설정의 적합성 등 총 6개의 하위 척도가 포함되어 있다.

표 11. 척도별 평균과 표준편차 비교 및 신뢰도 계수

하위 척도명	문항 수	연구 표본 (n=552)	교차 타당화 표본 (n=551)	본 조사 신뢰도 (n=1,063)
고과 횟수의 충분함	3	4.06(1.10)	4.11(1.13)	.66
면접 횟수의 충분함	3	3.25(1.03)	3.21(1.04)	.64
경영층의 의지/노력	3	3.61(1.24)	3.52(1.30)	.84
고과 개발 시 직원 참여	3	2.92(1.13)	2.89(1.14)	.81
고과 기준/항목 적절성	4	3.71(0.88)	3.61(0.90)	.64
고과 기준/항목 명확성	4	3.81(0.91)	3.76(0.92)	.73
고과 체계의 복잡성	3	3.66(1.03)	3.70(1.00)	.65
다면적 정보 입력	3	3.22(1.06)	3.13(1.09)	.77
수행-고과 연계	2	3.48(1.11)	3.45(1.12)	.52
고과-보상 연계	5	4.09(1.01)	4.01(1.05)	.68
고과 개발 연계	3	3.37(1.07)	3.33(1.08)	.65
이의 제기 절차	3	2.85(1.10)	2.71(1.10)	.77
고과 과정의 참여	2	3.13(1.20)	3.01(1.23)	.68
고과자와의 관계	3	4.07(1.04)	3.99(1.03)	.77
고과 능력 및 지식	6	3.94(1.07)	3.83(1.10)	.90
고과자의 고과 의지	3	4.05(1.19)	3.90(1.19)	.85
고과자에 대한 신뢰	5	3.89(1.16)	3.78(1.15)	.89
피드백 및 목표 설정	6	3.66(1.02)	3.59(1.02)	.85
고과 공정성	6	3.72(1.01)	3.64(1.04)	.87
고과 수용도	6	3.60(0.96)	3.53(0.99)	.87
고과 만족도	6	3.57(0.93)	3.50(0.95)	.84
이직 의도	5	3.40(1.26)	3.44(1.22)	.71
조직 몰입	5	4.36(1.06)	4.36(1.05)	.76
직장 만족도	1	67.2(16.4)	66.1(16.7)	-
최근 고과 점수	1	-	-	-

주) 하위 척도 점수는 7점 만점임.

세 번째로 인사 고과 태도 범주에는 지각된 고과 공정성, 고과 수용도, 그리고 고과 만족도 등 모두 세 개의 하위 척도가 포함되어 있다.

네 번째로 조직 및 직무 관련 태도 범주에는 이직 의도, 조직 몰입, 그리고 직장 만족도 등 총 세 개의 하위 척도가 포함되어 있다.

다섯 번째는 최근 고과 점수 범주로서 가장 최근 받은 고과 점수에 관한 단일 문항만이 포함되어 있고, 마지막으로 인구 통계적 변인 범주에는 성별, 재직 기간, 고과 경험 횟수 등 자료 분류와 관계된 기초적인 사항을 묻는 문항들이 포함되어 있다.

각 하위 척도별 내적 일치 신뢰도 계수와 연구 표본과 교차 타당화 표본의 척도별 평균 및 표준편차를 **표 11**에 자세히 정리했다.

표 11에서 볼 수 있듯이 연구 표본과 교차 타당화 표본의 특성이 모든 하위 척도상에서 상당히 유사한 평균과 표준 편차를 가지고 있음이 확인되었다. 따라서 무선 추출을 통한 표본 분할이 성공적이었음을 간접적으로 확인하게 되었다.

4) 자료 분석 방법

본 연구자가 설정한 고과 태도 결정 요소에 관한 가설적 구조 방정식 모형을 검증하기 위해서 공변량 구조 분석 모델을 사용하였다. 아울러, 각 모형에 포함된 측정 변인들의 일개념성 타당도 분석, 신뢰도 분석, 위계적 회귀 분석 및 각종 기초 통계치를 구하기 위해서 SPSS 8.0을 사용하였다.

경로분석을 통한 구조 방정식 모형 검증에는 AMOS 3.61 (Arbuckle, 1997)을 사용하였다. 구조 방정식 모형의 부합도는 일반 부합치(GFI), 조정 부합치(AGFI), 원소 간 평균 차이(RMR), 비교부합치(CFI) 그리고 원소 간 근접오차(RMSEA)를 함께 사용하였다. 한편 모수 추정 방식은 AMOS를 비롯해서 LISREL 등의 구조 방정식 모델에서 사용하는 최대우도법(ML)을 이용했다.

일반적으로 모형의 부합도 지수로 자주 사용되어 온 카이 자승치(chi-square)는 사용하지 않았다. 카이 자승치는 측정 변인 수나 조사 사례 수에 지나치게 민감하여 부적당한 부합도 지수라는 것이 정설이므로 사용치 않았다. 이와 같은 카이 자승치의 문제점에 대해서는 이미 많은 연구자들이 지적해 왔다. 즉 카이 자승치를 사용할 경우 대규모 표본 조사에서는 아주 작은 차이로도 "모형이 자료 구조와 적합하다"라는 영가설(Ho)을 기각할 가능성이 지나치게 커지기 때문에 모형 부합도 지수로 카이 자승치를 사용하는 것은 적절치 않다는 지적이 일반적이다(Cochran, 1952; Gulliksen & Tukey, 1958; Joreskog, 1969; Browne & Mels, 1992).

5. 결과 분석

1) 인사 고과 태도 결정의 구조 방정식 모형 검증

앞서 설정한 바 있는 인사 고과 태도 결정 과정에 관한 가설적 구조 방정식 모형(**그림 4**)의 부합도와 경로계수를 분석했다. 가설적 구조 방정식 모형은 **그림 5**와 같다.

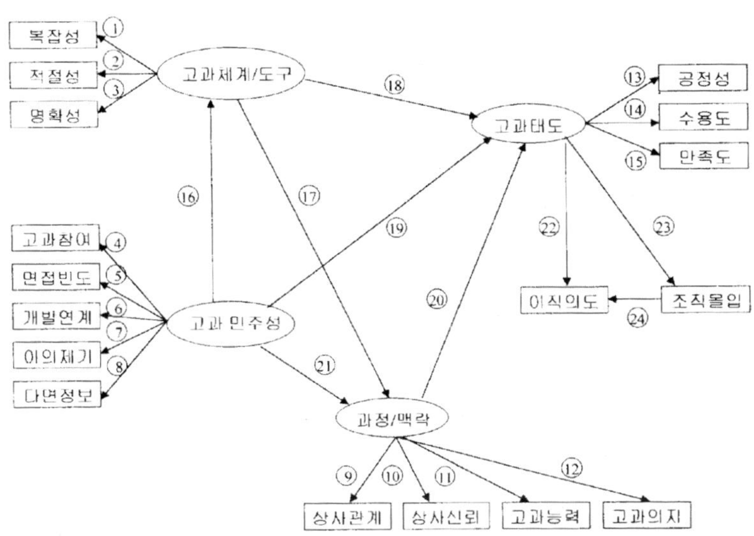

그림 5. 인사 고과 태도 결정 요소의 효과에 관한
구조 방정식 검증 모형

AMOS 분석 결과, 모형의 부합도 지수는 **표 12**와 같이 산출되
었으며, 각 경로별 표준화된 경로계수는 **표 13**에 제시했다.

표 12. 가설적 구조 방정식 모형의 부합도(연구 표본: n＝552)

부합도 지수	GFI	AGFI	RMR	RMSEA	CFI
추정치	.905	.868	.050	.079	.952

표 13. 최초 가설적 구조 모형의 경로계수 추정치

경 로	표준화된 경로계수
1번: 고과 체계--〉복잡성	.820*
2번: 고과 체계--〉적절성	.788*
3번: 고과 체계--〉명확성	.826*
4번: 민주성--〉고과 참여	.836**
5번: 민주성--〉면접 빈도	.630*
6번: 민주성--〉개발 연계	.610*
7번: 민주성--〉 이의 제기	.745*
8번: 민주성--〉다면 정보	.890**
9번: 과정/맥락--〉 상사 관계	.775*
10번: 과정/맥락--〉상사 신뢰	.952*
11번: 과정/맥락--〉고과 능력	.913*
12번: 과정/맥락--〉고과 의지	.922*
13번: 고과 태도--〉공정성	.951*
14번: 고과 태도--〉수용도	.937*
15번: 고과 태도--〉만족도	.885*
16번: 민주성--〉고과 체계	.674*
17번: 고과 체계--〉과정/맥락	.199**
18번: 고과 체계--〉고과 태도	.133**
19번: 민주성--〉고과 태도	.363*
20번: 과정/맥락--〉고과 태도	.567**
21번: 민주성--〉과정/맥락	.607**
22번: 고과 태도--〉이직 의도	−.011
23번: 고과 태도--〉조직 몰입	.345**
24번: 조직 몰입--〉이직 의도	−.505**

주)*: p<.05, **: p<.01

표 12에서 볼 수 있듯이 전반적인 모형 부합도 지수가 전반적으로 양호한 편이었다. 먼저 일반 부합치로 가장 널리 사용되는 GFI와 비교 부합치인 CFI 값이 각기 0.905와 0.952로서 일반적인 수용 준거인 .90(Bentler & Bonett, 1980)을 넘었으며, RMR 역시 일반적인 수용 준거인 .05와 동일한 값으로 산출되었다.

그러나 AGFI의 경우 일반적으로 좋은 모형으로 평가할 수 있는 기준치인 0.90에 약간 못 미치는 것으로 나타났고, 아울러 RMSEA도 0.079로서 매우 적합한 좋은 모형의 부합치로는 약간 모자라는 값이 나왔다. 물론 대다수의 부합도 지수의 범위가 0에서 1 사이이고, 지수를 개발한 연구자들도 객관적이고 영구불변의 기준 값을 설정해 놓지는 않았지만 본 연구자가 설정한 가설적 구조 모형은 약간의 수정이 필요한 상태임을 알 수 있었다. 따라서 본 연구자는 보다 일반화 가능한 모형을 만들기 위해 최소한의 범위 내에서 수정을 해보기로 했다.

모형의 수정은 MI(modification Index)를 일부 참조하였다. 그러나 지나치게 MI 의존적으로 모형을 손질하다 보면 자칫 표본 오차를 크게 반영하고 있는 모형이 되어 다른 표본에 일반화시키기 힘든 상황이 벌어질 수 있으므로, 최소한의 범위에서 수정을 해보기로 했다. 다시 말해서 지나친 자료 지향적 모형 수정으로 최소한의 교차 타당도조차도 획득할 수 없는 상황을 피하기 위해서 신중을 기해 모형을 수정하였다. 결과적으로 본 연구자는 MI에서 제시한 모형 수정 추천 내용을 전적으로 수용하지는 않았다. MI의 내용 중에서 충분히 이론적인 설명이 가능한 부분에 대해서만 모형 수정 작업에 반영시켰다.

2) 모형의 수정

최초의 이론적 모형에서 수정된 부분은 크게 두 가지였다. 우선 고과 체계 및 도구 요인의 측정 변인 중에서 '고과 차원 및 기준의 적절성' 요소를 삭제했다. 이렇게 수정한 이유는 먼저 '고과 차원 및 기준의 적절성'이라는 요소가 '고과 차원 및 기준의 명확성'이라는 요소와 지나치게 큰 상관관계를 가지고 있었으므로 개념적 중복성이 변량의 중복으로 이어지고 있다는 판단에 따른 것이었다(r=0.600, p<.01). 또한 AMOS 분석을 통한 수정 지표(MI)들 중에서 '고과 차원 및 기준의 적절성'이라는 요소가 다른 요소 혹은 다른 변수의 변량과 경로 관계가 설정되는 경우 모형 적합도가 상승한다는 내용들이 많이 포함되어 있었으므로, 모형 내에서 구조를 흩뜨리는 측정 변인으로 간주할 수 있었기 때문이었다.

다음으로 수정된 내용은 '고과 민주성' 요인의 측정 변인들 중에서 '다면적 정보 입력'이라는 요소를 삭제한 것이다. 이 측정 변인 역시 동일한 요인의 측정 변인으로 포함된 '이의 제기 절차'라는 요소와 지나치게 높은 상관을 가지고 있었다(r=0.635, p<.01). 고과 운영상의 민주적 특성 혹은 자기 개발적인 특성이 얼마나 충분한가를 말하는 고과의 민주성이라는 요인의 개념적 정의에 입각할 때, 나머지 측정 변인들에 비해서 요인 정의와 측정 변인 정의 간의 일관성이 떨어진다는 판단도 가능했던 것이다. '다면적 정보 입력' 요소는 적어도 개념적으로는 고과 체계 및 도구의 적절성이라는 요인과 관계성이 높을 것으로도 볼 수 있는 것이었다. 이에 더해서 수정 지표에서도 이 측정 변인이 수정 대안으로 떠오른 사례가 다소 많았으므로, 전체 모형의 구조에 득이 되지 않는다는 측면에서도 삭제할 충분한 이유가 생겼던 것이다.

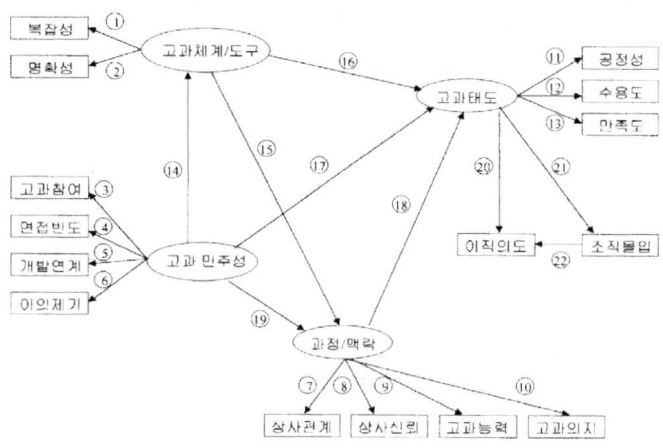

그림 6. 인사 고과 태도 결정 요소의 효과에 관한
수정 모형(연구 표본)

상기한 바대로 두 가지 측정 변인의 삭제 외에는 별다른 조치
를 취하지 않았다. 물론 수정 지표를 통하여 대안적인 경로에 관
한 제안 사항들이 산출되었으나 자료 지향적 분석의 위험성으로
인해서 제안 사항들을 전적으로 수용하지는 않았다. 다시 말해
표본 자료의 특수성에 바탕을 둔 수정 지표의 내용을 전적으로
받아들이는 것은 모형의 일반화에 제약을 가져올 위험도 있고,
아울러 수정 지표를 통해 제안되는 경로들이 충분한 이론적 배
경을 가지지 못하는 경우가 많았기 때문에 제안된 수정 요구 사
항 중에서 일부만을 수용하기로 했다.

이와 같은 수정 사항에 근거해서 설정한 수정 모형은 **그림 6**
과 같다.

수정된 모형의 부합도 지수를 산출한 결과를 **표 14**에 정리했다.

표 14. 수정 모형의 부합도(연구 표본: n＝552)

부합도 지수	GFI	AGFI	RMR	RMSEA	CFI
추정치	.935	.906	.040	.069	.968

표 14에서 볼 수 있듯이 전반적인 부합도 지수가 만족할 만한 수준으로 산출되었다. 우선 GFI와 AGFI는 각기 0.935와 0.906으로 일반적인 수용 준거 값인 .90을 초과하는 것으로 나타났다. 그리고 RMR은 0.40으로 역시 수용 기준을 초과하고 있었다. 그러나 아쉽게도 RMSEA는 자료에 정확하게 부합하는 좋은 모형이 되기 위한 기준치라고 간주되는 0.05를 약간 초과하는 0.069였다. 그러나 이 값 역시 자료 구조에 부합하는 모형이 아니라고 판단할 수 있는 일반적인 기준인 0.1보다는 상당히 작은 값으로 전반적인 모형의 부합도를 결정적으로 의심할 만한 증거가 되지는 않았다. 다행하게도 또 다른 부합도 지수인 CFI는 0.968로서 매우 양호하게 나왔다. 최초 모형에서 단지 두 개의 측정 변인만을 제외시키고, 그 외에 다른 경로나 공변량의 내용을 바꾸지 않은 소폭 수정의 결과로는 만족할 만했다.

표 15. 기존 모형과 수정 모형의 부합도 지수 차이

부합도 지수	기존 모형	수정 모형	차이 값
GFI	.904	.935	.031
CFI	.952	.968	.016
AGFI	.868	.906	.038
RMR	.050	.040	-.010
RMSEA	.079	.069	-.010

주) 차이 값은 수정 모형의 부합도 지수에서 기존 모형의 부합도 지수를 뺀 값임.

아울러 수정 내용의 효과성을 확인해 보기 위해서, 수정 모형의 부합도 지수와 기존 모형의 부합도 지수의 차이를 분석해 보았다.

표 15에 정리된 바에 따르면 일반적으로 수정 모형과 기존 모형의 CFI 차이 준거인 .01을 초과하는 .016으로 나왔으며, RMSEA의 차이 값도 일반적인 수용 준거인 .002를 넘는 -.010이 나와서 두 모형 간 차이는 유의미한 것으로 신뢰할 수 있었다. 즉 수정 모형을 새로운 구조 방정식 모형으로 수용할 수 있었다.

표 16. 수정 모형의 경로계수 추정치

경　로	표준화된 경로계수
1번: 고과 체계--〉복잡성	.869**
2번: 고과 체계--〉명확성	.842*
3번: 민주성--〉고과 참여	.872*
4번: 민주성--〉면접 빈도	.627*
5번: 민주성--〉개발 연계	.621*
6번: 민주성--〉 이의 제기	.751*
7번: 과정/맥락--〉 상사 관계	.775*
8번: 과정/맥락--〉상사 신뢰	.951*
9번: 과정/맥락--〉고과 능력	.914*
10번 :과정/맥락--〉고과 의지	.922*
11번: 고과 태도--〉공정성	.953*
12번: 고과 태도--〉수용도	.935*
13번: 고과 태도--〉만족도	.884*
14번: 민주성--〉고과 체계	.586*
15번: 고과 체계--〉과정/맥락	.258**
16번: 고과 체계--〉고과 태도	.078**
17번: 민주성--〉고과 태도	.354*
18번: 과정/맥락--〉고과 태도	.640**
19번: 민주성--〉과정/맥락	.512*
20번: 고과 태도--〉이직 의도	-.011
21번: 고과 태도--〉조직 몰입	.345**
22번: 조직 몰입--〉이직 의도	-.505**

주)*: p〈.05,**: p〈.01

본 연구자는 이 수정 모형을 최종 모형으로 채택하기로 결정하여, 수정 모형에 포함된 변인들 사이의 경로계수 추정치를 알아보았다. 그 결과를 **표 16**에 정리했다.

본 연구에서 설정한 경로 모형에는 인사 고과 태도 변인이 최종적으로 영향을 줄 것으로 가정되는 이직 의도와 조직 몰입이 측정 변인으로 포함되어 있다. 모형에 대한 설명은 최종적인 종속 변인인 이직 의도와 조직 몰입에 영향을 주는 결정 요소를 파악하는 것으로 시작해서 거꾸로 시도해 보겠다.

우선 최종적인 직무 및 조직 관련 태도 변인으로 포함된 이직 의도는 조직 몰입이라는 또 다른 태도 변인에 의해서 강한 영향을 받고 있는 것으로 나타났다(표준화된 회귀계수＝-0.505, p<.01). 이러한 결과는 조직 몰입이 이직 의도의 선행 변수가 될 것이라는 기존의 상식과도 일치하는 내용이었다.

그러나 이직 의도는 예상과는 달리 고과 태도의 직접적인 영향은 아주 미미한 것으로 나타났다(표준화된 회귀계수＝-0.011, n.s.). 즉 고과 제도에 대한 직원들의 태도 이를테면, 지각된 고과 공정성이나 만족도 혹은 수용도 등이 이직 의도에 미치는 영향을 직접적이기보다는 조직 몰입이라는 매개 변인을 통해서 간접적인 영향을 주고 있다는 점이 확인된 것이다. 물론 고과 태도에서 조직 몰입으로 가는 직접 경로의 계수는 매우 유의미했다(표준화된 회귀계수＝0.345, p<.01).

다음으로 '지각된 고과 공정성', '고과 만족도' 그리고 '고과 수용도' 등 세 가지 고과 태도 결정 요소는 고과 태도라는 잠재 요인과 아주 밀접한 관계를 가지고 있는 것으로 나타났다. 이들 각각의 결정 요소와 고과 태도 요인 사이의 경로계수는 각각 0.953(p<.05), 0.884(p<.05), 0.935(p<.01)였다.

수정 모형에는 고과 태도 요인이 각기 다른 세 가지 결정 요인에 의해서 영향을 받는 것으로 설정되어 있다. 그러나 분석 결과에 따르면, 이 세 가지 결정 요인들 중에서 두 가지 결정 요인에 의해서만 강한 영향을 받고 있었다. 즉, 고과 태도에 강한 영향력을 미칠 것으로 생각되었던 고과 체계 및 도구의 적절성 요인은 의외로 아주 미미한 효과만을 가지고 있는 것으로 나타났다(표준화된 회귀계수=0.078, p<.01). 즉 고과 방법론적인 개선은 의외로 고과 태도를 제고하는 데 기대만큼 큰 효과를 가지지 못할 것이라는 점이 확인된 것인데, 이는 상식적으로 인정되는 것과는 매우 상이한 것이었다. 그러나 일반적인 상식이 전혀 근거 없이 형성된 것으로 볼 수는 없는 만큼, 이런 결과의 이면에는 모형에 포함시키지 않는 제3의 가외 변인, 예를 들면 조직의 특성이나 업종의 유형 등의 변인의 효과가 개입되어 있을 가능성도 전혀 배제할 수는 없을 것이다.

그러나 고과자 및 고과 맥락 요인과 고과 민주성 요인의 효과는 예상대로 유의미한 것으로 확인되었다. 즉 고과자 및 고과 맥락 요인의 효과는 표준화된 회귀계수로 보면 0.640(p<.01)으로서 대단히 강력했으며, 동시에 고과 민주성 요인의 효과 역시 0.354(p<.05)로서 강한 편이었다. 이런 맥락에서 보면, 아주 미약한 직접 효과를 가지는 것으로 나타난 고과 체계 및 도구의 적절

102

성 요인이 고과자 및 고과 맥락 요인을 거쳐서 간접 효과를 가질 수 있는 가능성을 생각해 볼 수 있을 것이다. 확인 결과, 고과 체계 및 도구의 적절성 요인이 고과자 및 고과 맥락 요인에 미치는 효과가 강력하지는 못했지만 유의미한 것으로 나타났다(표준화된 회귀계수＝0.258, p<.01). 고과 민주성 요인도 고과 태도에 대한 간접 효과를 가지는 것으로 수정 모형에 설정되어 있다. 이 효과를 분석한 결과, 고과 민주성 요인은 고과자 및 고과 맥락 요인에 강한 직접 효과를 가지는 것으로 확인되어(표준화된 회귀계수＝0.512, p<.01), 충분한 크기의 간접 효과가 있음을 알 수 있었다.

요인들 간 경로계수 분석 결과를 토대로 생각해 볼 때, 세 가지 결정 요인들 중에서 역시 고과자 및 고과 맥락 요인이 고과 태도를 직간접적으로 결정하는 가장 강력한 요인임이 밝혀졌다.

각각의 결정 요인을 구성하는 측정 변인들의 구조를 살펴보겠다. **그림 5**의 수정 모형상에 설정되어 있는 경로 번호 1번에서 10번까지의 경로계수의 크기와 유의미성을 볼 때 세 가지 결정 요인은 모두 확실한 결정 요소의 잠재 구조를 가지고 있는 것을 알 수 있다. 이들 경로의 표준화된 경로계수는 0.621-0.951에 이르는 수준으로 나타났다. 이런 점은 이미 앞서 실시된 고과 태도 진단 척도 개발 연구에서 부분적으로 확인되기도 한 결과였다.

3) 수정 모형의 교차 타당화

본 연구에 포함된 연구 대상은 총 1,063명이고, 그중에서 정부 기관 표본이 459명이고, 사기업 직원이 604명이었다. 본 연구자는 전체 표본 중에서 50%를 교차 타당화 표본으로 분할했다. 결과적으로 511명의 표본이 교차 타당화 표본으로 결정되었고, 이들을 대상으로 수정 모형의 교차 타당화를 실시했다. 교차 타당화 실시한 이유는 연구 표본에서 획득한 수정 모형이 과연 충분한 외적 타당도(external validity)를 가지고 있는지를 확인하기 위해서였다. 만일 분석 결과 연구 표본에서 충분한 부합도를 지닌 모형이 교차 타당화 표본에서도 부합한다면 본 연구 표본에서 획득한 모형이 표본의 특수성에 기인하는 것이 아니고 모집단 전체에 일반화시킬 여지가 있는 것으로 간주하여도 좋을 것이다. 결과적으로 모형의 외적 타당도를 검증받는 셈인 것이다.

교차 타당화 분석 결과 나타난 모형 부합도 지수는 **표 17**에 요약되어 있다.

표 17. 수정 모형의 부합도 지수(교차 타당화 표본)

부합도 지수	GFI	AGFI	RMR	RMSEA	CFI
추정치	.936	.907	.037	.067	.971

위 표를 보면, 교차 타당화 표본에서도 연구 표본의 자료를 토대로 설정된 수정 모형의 부합도가 전반적으로 수용할 만한 수준임을 알 수 있다. 전반적인 부합도 지수를 살펴보면 우선 GFI와 AGFI가 수용 기준인 0.90을 넘어서 각각 0.936과 0.907에 이르고 있었으며, RMR도 역시 수용 기준인 0.05보다 작은 0.037인

것으로 나타났다. 또한 비교 부합치인 CFI 역시 0.971로서 매우 양호한 수준이었다. 그러나 RMSEA가 0.05 이하의 값으로 나오지 않은 점은 아쉬운 결과였다.

또한 결과에서 주목한 사실은 연구 표본 자료를 근거로 설정된 수정 모형의 부합도가 전혀 다른 표본인 교차 타당화 표본에서 오히려 더 높은 부합도를 보였다는 점이었다. 애초 연구자는 교차 타당화 표본에서 획득된 부합도 지수가 전반적으로 약간씩 낮아질 것으로 예측했으나 결과는 반대였다. 오히려 더 좋은 부합도가 산출된 것이다. 이는 수정 모형의 일반화 가능성에 관한 확실한 증거 자료가 되는 것이었다. 이렇게 될 수 있었던 것은 역시 연구 표본을 통한 모형 수정 시 지나치게 표본에 의존해 경로나 공변인 등을 무분별하게 변화시키지 않고 이론에 충실했던 데에서 그 이유를 찾을 수 있을 것이다. 연구 표본 분석 시 산출된 수정 모형의 부합도와 교차 타당화 표본 분석에서 산출된 부합도를 비교한 결과가 **표 18**에 제시되어 있다.

표 18. 연구 표본과 교차 타당화 표본에서 산출된 부합도 지수 차이

부합도 지수	연구 표본	교차 타당화 표본	차이 값
GFI	.935	.936	.001
CFI	.968	.971	.003
AGFI	.906	.907	.001
RMR	.040	.037	-.003
RMSEA	.069	.067	-.002

주) 차이 값은 교차 타당화 표본의 부합도 지수에서 연구 표본의 부합도 지수를 뺀 값임.

위 결과를 보면, 우선 두 표본을 통해 산출된 수정 모형의 CFI 지수의 차이가 0.003으로서 이는 두 지수 간에 의미 있는 차이가 있다고 판단할 수 있는 준거 차이 값인 0.01보다 작은 값이었다. 즉 두 표본에서 산출된 부합도 지수의 차이는 무시할 만한 수준임을 보여주는 결과였다. RMSEA 지수 차이 값의 경우는 지수 간 차이 유의미성에 관한 기준인 0.002에 정확히 걸치는 값이 나왔는데 RMSEA가 가장 엄격한 부합도 지수 중 하나라는 점을 생각하면 두 표본에 수정 모형을 일반화시키는 것에는 큰 무리가 없음을 알 수 있었다. 물론 다른 지수의 차이 값들 역시 무시할 만한 수준인 것으로 확인되었다.

다음으로 교차 타당화 표본 자료에서 산출된 경로계수의 크기와 유의미성을 연구 표본에서 산출된 값들과 비교해 보았다(표 19).

표 19에서도 알 수 있듯이 모형 부합도 지수의 경우와 마찬가지로 두 표본 분석에서 나타난 개별 경로계수의 크기 역시 크게 차이나지 않는 것으로 확인되었다.

이처럼 수정 모형이 무선 분할된 연구 표본과 교차 타당화 표본에서 충분한 정도의 유사성을 가지고 있다는 점은 모형의 일반화와 관련시켜 생각할 때 매우 다행스러운 점이었다.

표 19. 연구 표본과 교차 타당화 표본에서의 경로계수 비교

경로	연구 표본 경로계수(n=552)	교차 타당화 표본 경로계수(n=511)
1번: 고과 체계-->복잡성	.869**	.766*
2번: 고과 체계-->명확성	.842*	.928*
3번: 민주성-->고과 참여	.872*	.869**
4번: 민주성-->면접 빈도	.627*	.657*
5번: 민주성-->개발 연계	.621*	.655*
6번: 민주성--> 이의 제기	.751*	.790*
7번: 과정/맥락--> 상사 관계	.775*	.769**
8번: 과정/맥락-->상사 신뢰	.951*	.947*
9번: 과정/맥락-->고과 능력	.914*	.913**
10번: 과정/맥락-->고과 의지	.922*	.923*
11번: 고과 태도-->공정성	.953*	.954**
12번: 고과 태도-->수용도	.935*	.934*
13번: 고과 태도-->만족도	.884*	.897**
14번: 민주성-->고과 체계	.586*	.600*
15번: 고과 체계-->과정/맥락	.258**	.265**
16번: 고과 체계-->고과 태도	.078**	.085**
17번: 민주성-->고과 태도	.354*	.382*
18번: 과정/맥락-->고과 태도	.640**	.597*
19번: 민주성-->과정/맥락	.512*	.559*
20번: 고과 태도-->이직 의도	-.011	.042
21번: 고과 태도-->조직 몰입	.345**	.368**
22번: 조직 몰입-->이직 의도	-.505**	-.496*

주) *: p<.05, **: p<.01

다만 20번 경로 즉 고과 태도에서 이직 의도로 가는 직접 경로
의 표준화된 경로계수가 일단 방향성이 정반대였다는 점이 다소
우려할 만한 부분이기는 했지만, 계수의 크기가 워낙이 미약한

수준이었으므로 실질적인 차이로 보는 데는 무리가 있었다.

6. 연구 Ⅱ의 결과 요약

연구 Ⅰ에서 개발된 인사 고과 체계에 대한 인식 진단 척도를 가지고 1,063명의 현업 재직자들을 대상으로 설문조사를 실시했다. 연구 Ⅰ에서 밝혀진 고과 태도 결정 요소의 3요인과 고과 태도, 직무 및 조직 관련 태도 사이의 동시적 인과관계에 관해 가설적 구조 모형을 설정했다.

전체 표본을 연구 표본(n=552)과 교차 타당화 표본(n=511)으로 무선 할당했다. 연구 표본에서 수집한 자료를 바탕으로 앞서 언급한 고과 체계에 대한 태도 결정 과정에 관한 가설적 구조 모형을 검증했으며, 부분적으로 수정해서 새로운 모형을 개발했다. 최초 모형과 수정 모형이 공히 수용 수준 이상의 높은 부합도를 보였다. 또한 수정 모형의 일반화 가능성을 탐색해 보기 위해 교차 타당화 분석을 실시했다. 연구 표본과 별개로 구성된 교차 타당화 표본에서도 수정 모형은 충분한 부합도를 보이고 있었다.

또한 연구 표본과 교차 타당화 표본에서 산출된 수정 모형의 부합도의 차이는 매우 작아서 유의미한 차이가 있는 것으로 간주할 수 없을 정도였다. 즉 두 표본 모두에서 수정 모형은 충분한 부합도를 보이고 있었으며, 그 차이는 미미했다.

검증된 구조 모형에 따르면, 이직 의도에 대한 고과 태도의 효과는 조직 몰입을 거친 간접적인 효과가 지배적이었다. 또한 고과 태도는 고과자 및 고과 맥락 요인과 고과 민주성 요인에 의해서 결정되는 부분이 매우 컸다. 반면에 고과 체계 및 고과 도구의 적절성 요인에 의한 결정 효과는 예상과 달리 매우 미미했다.

Ⅳ. 인사 고과 태도 결정 모형의 적용(연구 Ⅲ)

앞서 연구 표본과 교차 타당화 표본 분석을 통해 인사 고과 태도 결정 과정에 관한 일반 모형을 개발하고, 그 모형의 일반화 가능성을 탐색해 보았다.

그러나 본 연구자가 크게 두 가지 기업 유형 즉 정부 기관과 사기업 각각을 대상으로 충분한 크기의 표본을 확보한 데에는 두 가지 목표를 가지고 있었기 때문이었다. 첫 번째 목표는 기업 고유의 특성에 관계없이 적용할 수 있는 고과 태도 결정 과정에 관한 일반 모형을 만들고자 하는 것이었다. 이와 같은 첫 번째 목표는 앞서 진행된 결정 과정 모형 개발 연구와 교차 타당화 연구를 통해서 소기의 성과를 달성했다고 볼 수 있을 것이다. 일차적인 연구 목표가 일반 모형의 개발이었던 관계로 최대한 적은 수의 변인들을 바탕으로 절약적인 모형을 만들고자 노력했다. 그러나 여타의 다른 연구 모형들과 마찬가지로 실제 장면에서 일반 모형을 적용하기 위해서는 여러 가지 부분적 수정 작업이 불가피해진다. 다시 말해서 일반 모형을 개발할 때에는 가능한 한 배제시켜야 했던 특수 요인들을, 모형 적용 장면에서는 최대한 반영시켜야 해당 조직에 가장 적합한 대안을 만들어 낼 수 있기 때문이다. 이런 배경에서 보다 실무적인 차원에서 두 번째 목표가 설정되었다.

두 번째 목표는 일반 모형의 원칙을 유지한 채, 일반 모형 개발 단계에서 제외 또는 무시되었던 요소(결정 요소)들을 충분히 감안하여 실질적인 대안 마련에 도움을 줄 수 있는 방안을 모색해 보고자 하는 것이었다. 이러한 목표를 달성하기 위해서는 가능한 한 많은 수의 결정 요소들을 분석 모형에 포함시켜서 설명량을 최대로 높일 수 있는 방안을 탐색해 볼 필요가 있었다. 고과 태도 결정 과정에 관한 일반 모형에 묘사된 잠재 요인들 간의 관계는 거시적인 전략 설정에 분명한 방향감을 제공할 수는 있지만 구체적인 실천 대안 설정에는 현실적인 도움을 주는 데 부족함이 있을 것이다.

이런 맥락에서 본 장에서는 분석의 단위를 기업 유형별로 하기 위해서 우선 전체 표본(n=1,063)을 정부 기관 표본(n=604)과 사기업 표본(n=459)으로 재분류시켜 놓고 각 기업 유형별로 고과 태도 결정 과정에 관한 일반 모형의 적용 가능성을 탐색해 보고자 한다.

다음으로는 앞서 진행된 구조 방정식 일반 모형 개발 과정에서 삭제되었던 모든 하위 결정 요소들을 예측 변인들로 분석에 포함시켜서 위계적 회귀 분석을 실시해 볼 것이다. 이 과정에서는 필연적으로 일반 모형 개발 시 제외되었던 결정 요소가 포함되거나 새롭게 구명된 결정 요소 간 관계에 입각해서 재통합 작업이 이루어질 것이다. 그러나 위계적 회귀 분석의 경우에도 역시 가능한 한 최대로 절약성의 원칙을 지켜 나갈 것이다.

1. 일반 모형(수정 모형)의 부합도 검증

먼저 앞서 진행되었던 모형 개발 연구에서 도출된 수정 모형을 제시해 보고, 기업 유형별-즉, 정부 기관과 사기업-모형 부합도를 살펴보겠다.

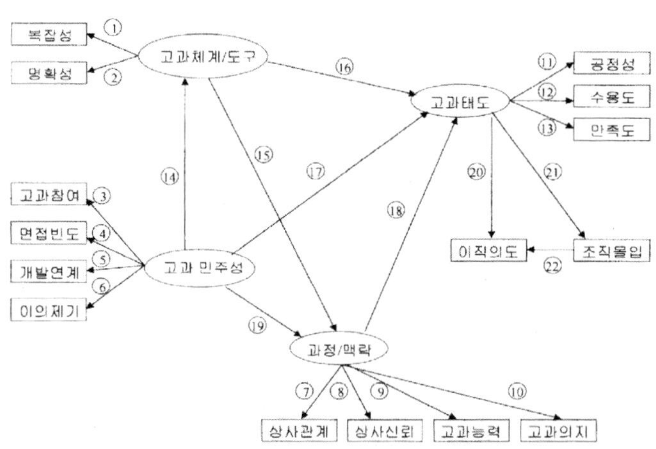

그림 7. 인사 고과 태도 결정 요소의 효과에 관한 수정 모형

그림 7은 연구 표본 분석을 통해 개발되고 교차 타당화 표본에서 일반화 가능성이 검증된 것과 동일한 모형이다. 본 모형의 부합도 분석 결과를 **표 20**에 정리했다.

표 20. 사기업 표본과 정부 기관 타당화 표본에서 산출된 부합도 비교

부합도 지수	연구 표본 (n=552)	교차 타당화 표본 (n=511)	사기업 표본 (n=604)	정부 기관 표본 (n=459)
GFI	.935	.936	.930	.940
CFI	.968	.971	.959	.978
AGFI	.906	.907	.898	.914
RMR	.040	.037	.039	.040
RMSEA	.069	.067	.076	.058

표 20에서 볼 수 있듯이 사기업 표본과 정부 기관 표본 모두에서 일반 모형의 부합도가 전반적으로 양호한 상태로서, 일반 모형이 충분한 일반화 가능성을 가진 모형임을 다시 한번 확인할 수 있었다. 사기업 표본의 경우에 RMSEA와 AGFI 수치가 각각 0.076과 0.898로서 만족할 만한 수준에 이르지는 못했으나, 일반화 가능성을 의심할 만한 수치는 아니었다. 또한 정부 기관 표본에서 모든 부합도 지수가 매우 양호했다.

그러나 경로계수의 경우에는 정부 기관과 사기업 표본에서 비교적 다른 양상이 나타나고 있음을 확인할 수 있다.

표 21에 나타난 정부 기관과 사기업 표본의 모형 경로계수를 비교해 보면 몇 가지 주목할 만한 사실들이 있음을 알 수 있다.

먼저 잠재 요인들 간의 경로계수를 비교해 보겠다.

우선 고과 민주성 요인에서 고과 체계 및 도구의 적절성 요인으로 가는 경로를 보면, 사기업 표본과 정부 기관 표본에서 약간의 차이가 나타남을 알 수 있다. 즉 사기업 표본의 표준화된 회귀계수는 0.636($p<.05$)이었고, 정부 기관 표본에서는 0.531($p<.01$)로서 약간 낮아지고 있었다. 또한 고과 체계 및 도구의 적절성 요인이 고과자 및 맥락 요인에 대한 지각에 미치는 효과는 두 표본 간에 큰 차이를 보이고 있었다. 즉 정부 기관 표본에서는 이 경로의 표준화된 회귀계수가 0.104($p<.05$)로 상당히 미약한 데 반해서 사기업 표본에서는 0.345($p<.01$)로 상대적으로 높게 나타났다. 다시 말해서 사기업에서 근무하는 직원의 경우에는 정부 기관에서 근무하는 직원들보다 고과 체계 및 도구가 단순하

고 명확하다고 인식하는 정도가 고과자 및 고과 맥락 요인에 대한 우호적인 인식에 큰 영향을 주고 있었다.

표 21. 사기업 표본과 정부 기관 표본에서의 경로계수 비교.

경　로	사기업 표본 경로계수(n=604)	정부 기관 표본 경로계수(n=459)
1번: 고과 체계-->복잡성	.839*	.787**
2번: 고과 체계-->명확성	.872*	.860*
3번: 민주성-->고과 참여	.835**	.903*
4번: 민주성-->면접 빈도	.568**	.700*
5번: 민주성-->개발 연계	.654*	.631*
6번: 민주성--〉 이의 제기	.753*	.800*
7번: 과정/맥락--〉 상사 관계	.762*	.735*
8번: 과정/맥락-->상사 신뢰	.948*	.941*
9번: 과정/맥락-->고과 능력	.910*	.897*
10번: 과정/맥락-->고과 의지	.926*	.906*
11번: 고과 태도-->공정성	.947**	.951*
12번: 고과 태도-->수용도	.920**	.940*
13번: 고과 태도-->만족도	.875*	.902*
14번: 민주성-->고과 체계	.636*	.531**
15번: 고과 체계-->과정/맥락	.345**	.104*
16번: 고과 체계-->고과 태도	.135*	.039
17번: 민주성-->고과 태도	.335**	.404**
18번: 과정/맥락-->고과 태도	.591**	.608**
19번: 민주성-->과정/맥락	.406*	.715**
20번: 고과 태도-->이직 의도	-.080*	.064
21번: 고과 태도-->조직 몰입	.395*	.362**
22번: 조직 몰입-->이직 의도	-.511*	-.463*

주) *: p〈.05, **: p〈.01

즉 고과 방법 및 도구를 단순하고 명료하게 하여 고과에 대한 우호성을 높여 보려는 시도는 정부 기관의 경우보다는 사기업의 경우에 더욱 효과적일 수 있다는 것이다. 이러한 사실은 고과 체계 및 도구의 적절성 요인이 최종적인 고과에 대한 태도에 미치는 영향을 보아도 확인할 수 있다. 즉, 고과에 대한 직원의 태도 수준에 대해서 고과 체계 및 도구의 적절성 여부가 미치는 효과 역시 정부 기관(표준화된 회귀계수＝0.039, n.s.)의 경우보다 사기업(표준화된 회귀계수＝0.135, p<.05)의 경우에 더 크게 나타났다. 반대로 말하자면, 정부 기관의 경우에는 직원들이 고과에 대해서 가지는 인식 즉, 고과 공정성, 고과 만족도, 고과 수용도 등이 고과 방법이나 도구의 우수성에 크게 영향을 받지 않는 것으로 확인되었다.

오히려 정부 기관에서는 고과에 대한 직원들의 태도를 결정하는 중요한 요인으로 볼 수 있는 것이 고과 운영의 민주성이라고 할 수 있다. 그러나 이 고과 운영의 민주성 요인이 고과 태도에 미치는 효과는 직접적인 효과가 아니고 고과자 및 고과 맥락 요인을 거치는 간접 효과(표준화된 회귀계수＝0.715, p<.01)였다. 고과 민주성 요인에서 고과자 및 고과 맥락 요인으로 가는 경로의 표준화된 회귀계수는 사기업보다 정부 기관에서 훨씬 높게 나타나고 있었다. 물론 민주성 요인에서 고과 태도로 이어지는 직접 경로의 효과 역시 적은 차이이긴 해도 정부 기관에서 더 큰 것으로 나타났다. 다시 말해서 정부 기관에서는 고과를 운영하는 과정에서 보이는 민주적인 요인 즉, 고과 과정에의 적극적인 참여 수준, 고과 결과를 자기 개발과 연계시키려는 노력, 그리고 불만족

스러운 고과 결과에 대한 이의 제기 절차의 활용 가능성이 얼마나 높아지는가에 따라서 고과에 대한 전반적인 태도가 결정되고 있다는 것이다. 이러한 경향은 물론 사기업에서도 나타난다고 볼 수 있으나, 그 정도가 정부 기관의 경우보다는 적은 수준이었다.

이러한 차이점들에도 불구하고, 두 표본 모두에서 발견되는 공통되는 현상 중에서 주의하여 볼 만한 부분이 있다. 우선 두 표본 모두에서 고과 태도가 이직 의도에 미치는 직접 효과의 크기가 매우 미약했다는 점을 들 수 있다. 또한 고과 태도를 결정하는 가장 중요한 요인은 두 표본 모두에서 공히 고과자 및 고과 맥락 요인인 것으로 나타났다(사기업 표본: 0.591, $p < .01$, 정부 기관 표본: 0.608, $p < .01$).

이와 같은 전반적인 양상에 근거해서 고과에 대한 직원들의 태도를 좋은 방향으로 이끌어가기 위해서 우선적으로 마련해야 할 대안의 유형이 정부 기관의 경우와 사기업의 경우에 약간 달라질 수 있을 것이다. 즉, 정부 기관의 경우는 고과 운영의 민주성에 관계된 고과 태도 결정 요소의 수준을 제고시키는 것이 효과적일 것이고, 사기업의 경우는 고과 체계 및 고과 방법 혹은 고과 도구를 보다 과학적이고 명료하게 만들어서 사용하도록 하는 전략이 바람직한 전략 방향이 될 수 있을 것이다.

2. 기업 유형별 결정 요소 효과 분석

고과 태도의 일반 모형을 만들기 위해서는 가능한 대로 표본으로 발생하는 편파를 최소로 줄여주어야 한다. 이론적으로 구성할 수 있는 가능한 모든 표본의 특성들을 완벽하게 반영하여, 모든 표본 자료의 구조를 오차 없이 설명할 수 있는 일반 모형을 개발한다는 것은 사실상 이론적으로만 가능한 일일 것이다. 현실적으로는 획득한 표본에만 내재하는 고유한 편파로부터 어느 정도 자유롭고, 또 그렇기 때문에 특성이 각기 다른 표본들에 적용해도 크게 무리 없이 부합될 수 있는 일반 모형을 만들기 위해서 최선을 다할 뿐일 것이다.

또한 '모형'이란 어떤 현상을 가장 최소의 변인을 사용해서 효율적으로 설명하기 위하여 만들어진 이론적 구성체다. 따라서 모든 모형의 개발 원칙 중에서 매우 중요한 것 중에 하나가 바로 "절약성의 원칙"일 것이다. 지나치게 많은 변인을 사용함으로써 모형의 설명량을 높이려고 노력하는 것은 따라서 이 절약성의 원칙에 위배되는 일일 것이다(Campbell, 1983).

이런 맥락에서 본 연구자는 분명히 특성이 다를 것으로 예상되는 두 가지 유형의 기업에서 획득한 자료를 묶어 놓은 뒤, 무선적 배분이라는 방식을 사용하여 연구 표본과 교차 타당화 표본을 별도로 구성하여 일반 모형의 개발과 교차 타당화를 시도하였던 것이다. 결과는 앞서 제시한 바와 같이 매우 성공적이었다.

그러나 모형은 말 그대로 현상을 일반적이고 추상적인 수준에서 간명하게 설명하는 틀로서 제 역할을 하게 되는 것이다. 즉 개개 현상 각각에 대한 설명을 위해 '모형'이 존재하는 것이라기보다는 일반적인 현상에 대한 개괄적인 혹은 평균적인 설명을 위해서 '모형'이 필요한 것이다. 따라서 아무리 잘 만들어진 일반 모형이라고 할지라도 결국 실재하는 단 하나의 현상도 제대로 설명하지 못하는 아이러니가 발생할 수도 있는데 이는 과학적 일반 모형의 숙명이라고 볼 수 있다. 대한민국 남성의 평균 신체 사이즈를 정확하게 체화하고 있는 대한민국 남성이 단 한 사람도 없는 것과 같은 이치일 것이다.

이런 맥락에서 본 연구자는 산업 심리학이라는 학문의 실용적인 목적을 염두에 두고, 현상을 바라보는 개략적인 틀이랄 수 있는 일반 모형을 만들기 위해서 삭제되거나 무시되었던 측정 변인들도 되살려서 개별적인 현실을 보다 정확하게 반영하고 강력한 예측력을 갖춘 예측 모형을 만들어 보고자 했다. 이를 통해서 궁극적으로는 고과 공정성 등에 대한 직원의 인식 수준 등을 제고시키고 나아가 직무 및 조직 관련 태도 변인인 조직 몰입이나 이직 의도를 바람직한 방향으로 유도해 내기 위한 실천 대안을 모색해 보고자 했다. 앞서 언급한 바와 같이 일반 모형 개발이 효율과 절약성의 원칙에 충실하여 이루어졌다면, 이제는 보다 실용적인 측면에서 실제 개별 조직 장면에서보다 정확한 예측을 할 수 있는 회귀 모형을 개발하고자 하는 것이었다. 그렇다고는 해도 역시 가능하면 절약성의 원리에서 크게 벗어나지 않는 방향에서 예측 변인을 효율적으로 설정하려고 노력하였다. 이러한 목적에 가장 부합하는 분석 방법론은 역시 회귀 분석 모형이었다. 본 연구자는 '고과 태도' 변인 즉 고과 만족도, 고과 공정성, 그리고 고과 수용도의 평균치를 종속 변인으로 설정하여 이를 예측하는

118

최적의 예측 방정식을 찾아보고자 했다. 여기서 세 가지 태도 측정 변인-고과 공정성, 고과 만족도, 고과 수용도-를 통합하여 하나의 '고과 태도' 변인을 만들어 사용한 것에 관한 이론적인 근거는 앞서 실시한 바 있는 고과 태도 측정 변인 효과에 관한 공변량 구조 분석 결과를 보면 알 수 있다(**그림 5**와 **표 13** 참조).

분석 결과로 우선, 많은 수의 고과 태도 결정 요인들을 보다 간명한 형태로 재분류시킨 결과를 제시하였다. 두 번째로는 재분류된 결정 요소들을 위계적 회귀 모형에 포함시켜서 기업 유형별로 최적의 고과 태도 결정 요소를 찾아내고 그 효과를 검증해 보았다. 이러한 분석들은 모두 기업 유형별로 나누어져 실시되었다. 즉 사기업 표본(n=604)과 정부 기관 표본(n=459) 단위로 별도 분석하고 결과를 비교해 보았다.

1) 고과 태도 결정 요소의 재분류

본 연구자가 고과 태도 결정 요소로 간주하여 조사 설문지에 포함시킨 변인은 총 18가지였다(**표 4** 참조). 이 결정 요소들은 대부분 기존 연구에서 사용된 것들이고, 일부는 본 연구자가 전문가들과의 토론을 통해 개발한 것이었다. 결과적으로 기존에 유사한 연구들에서 사용된 결정 요소들은 거의 포함시킬 수 있었다. 그러나 이 결정 요소들 간의 관계에 관한 경험적 검증은 거의 없는 상태라고 볼 수 있었다. 즉 일부 요소는 한 연구에 포함되어 관계가 부분적으로 밝혀진 경우도 있었으나, 대부분은 각기 다른 연구들에서 다른 표본을 대상으로 연구된 것이라서 동일한 표본을 대상으로 해서 분석할 때 어떤 관계가 도출되는지에 관해서는 확인된 결과가 거의 없는 실정이었다. 상황이 이렇다 보니, 결정 요소들의 개념적 추상성의 수준이나 포괄성의 범위가 달라 서로 중복되는 상황을 피할 수 없게 되었다. 앞서 이루어진 탐색적 요인 분석에서는 이러한 점들을 고려하여 상당 부분 결정 요소를 삭제시켜 나감으로써 간명한 요인 구조를 구할 수 있었으나 구체적인 실천 대안 마련을 위한 자료를 얻으려는 본 장의 취지상 개념적으로 중복된다고 여겨지는 변인을 삭제하는 것만이 능사는 아니었다. 그러나 예측 변인들 간의 개념적 중복성으로 인하여 발생할 가능성이 있는 변인 간 높은 상관관계는 자칫 다중 공선성의 문제를 일으키게 될 것이므로 예측 변인의 선정에 각별한 주의가 필요했다.

따라서 본 연구자는 본격적인 회귀 모형 검증에 들어가기 전에, 먼저 각 범주별 결정 요소들 간의 상관관계와 개념적 유사성 등을 근거로 하여 주요 예측 변인들 간의 상호 관계를 재정리하였다. 결정 요소 간 상관관계가 지나치게 높게 되면 이들 결정 요소들이 하나의 회귀 모형에 독립 변인으로 투입될 경우 필연적으로 다중 공선성(multicollinearity)을 유발할 것이기 때문에 상관관계와 개념적 유사성에 근거한 결정 요소들의 삭제 및 통합 작업은 꼭 필요한 과정이었다. 이 과정을 통해서 결정 요소들을 재분류한 결과를 **표 22**에 제시했다. 범주별 결정 요소들 간의 상관관계 분석 결과는 **부록 3**에 제시했다. 두 개 이상의 결정 요소가 결합되어 하나의 독립 변인이 된 경우에는 두 결정 요소 척도의 평균값이 통합된 척도의 값으로 사용되었다.

표 22. 고과 태도 결정 요소들의 재분류 결과

범 주	결정 요소	재분류 결과	분류 근거
고과 시스템 특성 지각	고과 횟수의 충분함	고과/면접 빈도	개념적 유사성 높은 상관
	면접 회수의 충분함		
	경영층의 의지/노력	경영층의 의지/노력	개념적 독립성
	고과 개발 시 직원 참여	고과 개발 시 직원 참여	개념적 독립성
	고과 기준/항목 적절성	고과 방법/도구 적절성	높은 상관 개념적 유사성
	고과 기준/항목 명확성		
	고과 체계의 복잡성		
	다면적 정보 입력	평가의 객관성	높은 상관
	수행-고과 연계		
	고과-보상 연계	고과-보상 연계	개념적 독립성
	고과-개발 연계	고과-개발 연계	개념적 독립성
	이의 제기 절차	이의 제기 절차	개념적 독립성
고과 과정 및 맥락 지각	고과 과정의 참여	참여/피드백	개념적 유사성 높은 상관
	피드백 및 목표 설정		
	고과 능력 및 지식	고과자 신뢰	높은 상관 개념적 유사성
	고과자의 고과 의지		
	고과자에 대한 신뢰		
	고과자와의 관계	고과자와의 관계	개념적 독립성

표 22에 나타난 바와 같이 본 연구자는 결정 요소들을 보다 관리하기 적당한 수준으로 재분류시켰다. 결과적으로 총 18개의 결정 요소들이 11개로 줄어들게 되었다. 이처럼 재분류시킨 변인들 간의 상관관계를 기업 유형별로 분석한 결과를 부록 3에 제시해 두었다.

　표 22에서는 결정 요소들의 범주를 연구 Ⅰ에서 확인된 결정 요소의 3요인 구조에 의하지 않았다. 대신에 '고과 시스템 특성 지각'과 '고과 과정 및 맥락 지각'의 두 가지 범주 구분 방식을 택한 것은 결정 요소의 요인 분석 과정에서 제외시킨 결정 요소의 수가 많았기 때문이다. 본 위계적 회귀 분석의 목적이 가능한 한 모든 결정 요소들을 예측 변인으로 투입시켜 각 조직 유형별로 최대의 설명량을 가질 수 있는 회귀 모형을 만드는 데 있었기 때문이다.

　이와 같은 절차를 통해 재분류시킨 변인별 두 집단 간 차이 검증 결과를 표 23에 정리했다.

표 23. 변인별 사기업과 정부 기관 차이

변인명	사기업	정부 기관	F 값	비　교
고과/면접 빈도	3.79(0.94)	3.50(0.86)	26.66**	사>정
경영층 의지/노력	3.85(1.25)	3.20(1.20)	72.88**	사>정
고과 개발 참여	3.05(1.12)	2.72(1.14)	22.07**	사>정
고과 방법 적절성	3.84(0.83)	3.55(0.79)	32.34**	사>정
평가 객관성	3.50(0.94)	3.10(1.04)	43.57**	사>정
고과-보상 연계	4.38(0.99)	3.62(0.92)	166.39**	사>정
고과 개발 연계	3.39(1.09)	3.30(1.06)	2.09 n.s.	사=정
이의 제기 절차	2.84(1.05)	2.71(1.16)	3.87*	사>정
참여/피드백	3.62(1.01)	3.00(1.00)	99.97**	사>정
고과자 신뢰	4.18(1.05)	3.54(1.03)	97.82**	사>정
고과자와 관계	4.33(0.99)	3.64(0.96)	127.03**	사>정

주) *: p<.05, **: p<.01

　표 23을 보면, 전반적으로 사기업에 근무하는 직원들이 자신이 일하는 회사의 고과 체계 및 운영 특성에 대해서 좋게 지각한다

122

는 사실을 확인할 수 있다. 달리 표현하면, 정부 기관에서 일하는 직원들이 자기 회사의 고과 체계 및 운영 특성에 대해서 상대적으로 불만을 가지고 있음을 알 수 있다.

이러한 전반적인 양상 외에도 두 기업 유형별로 몇 가지 유심히 볼 만한 부분이 있다. 우선, '고과-보상 연계' 요소($F=166.39$, $p<.01$)와 '고과자와의 관계' 요소($F=127.03$, $p<.01$)의 경우에 아주 큰 차이가 나타나고 있었다. 즉 정부 기관에 근무하는 직원들은 자신에 대한 고과 점수가 각종 처우와 관계된다고 생각하는 경향이 매우 적은 편이며, 동시에 자신을 평가하는 고과자와의 평소 인간관계가 좋다고 생각하는 정도도 매우 적은 편이었다. 물론 정부 기관 표본에서 획득된 두 가지 결정 요소의 평균 점수도 척도의 평균인 4점에 근사한 값이긴 했지만 사기업 직원들과의 비교를 통하면 눈에 띄게 적은 편이었다. 또한 정부 기관 직원들의 견해로는 고과 과정에서 고과자와 부하 직원 간에 면밀한 토론이 이루어지지 않고($F=99.97$, $p<.01$), 또 그 과정에서 향후 업무 목표나 직원의 경력에 대한 심도 있는 논의가 부족하다고 여기고 있는 것($F=97.82$, $p<.01$)으로 나타났다.

본 연구자는 상기한 과정을 거쳐 결정된 11개의 결정 요소는 하나의 회귀 모형에 넣고 분석하는 데 무리가 없다고 판단하게 되었다. 종속 변인인 고과 태도에 대한 11개 결정 요소들의 회귀 분석 결과를 **표 24**와 **표 25**에 제시했다. 예측 변인의 투입 방식은 일단 Enter 방식으로 했다.

표 24. 고과 태도에 대한 11개 결정 요소의 회귀 분석 결과(사기업: n=604)

범 주	예측 변인	평균(표준편차)	β	tolerance	VIF
고과 시스템 특성 지각 범주	고과/면접 빈도	3.78(0.93)	.052**	.656	1.52
	경영층의 의지/노력	3.85(1.25)	.145**	.430	2.32
	고과 개발 시 직원 참여	3.04(1.11)	.062*	.403	2.48
	고과 방법/도구 적절성	3.83(0.83)	.171**	.490	2.04
	평가의 객관성	3.49(0.94)	.082**	.299	3.35
	고과-보상 연계	4.38(0.99)	.018	.737	1.36
	고과 개발 연계	3.39(1.09)	.066**	.538	1.85
	이의 제기 절차	2.84(1.04)	.025	.478	2.09
고과 과정 및 맥락 지각 범주	참여/피드백	3.62(1.00)	.145**	.225	4.47
	고과자와의 관계	4.32(0.99)	-.031	.401	2.49
	고과자 신뢰	4.17(1.05)	.400**	.197	5.08

주) *: p<.05, **: p<.01, β : 표준화된 회귀계수.

표 24는 사기업 표본을 대상으로 회귀 분석한 결과이다. 우선 표준화된 회귀계수를 보면, 가장 예측력이 큰 변인은 역시 '고과 자 신뢰(β =.400, p<.01)'이었다. 다음으로는 '참여 및 피드백(β =.145, p<.01)', '고과 방법 및 도구의 적절성(β =.171, p<.01)', 그리고 '경영층의 의지 및 노력(β =.145, p<.01)'이 뒤를 잇고 있 었다. 반면에 '고과자와의 관계'나 '고과 결과 및 보상 연계' 등의 측정 요소들은 거의 예측력을 가지고 있지 않았다.

그러나 표준화된 회귀계수를 크기를 논하기에 앞서 각 결정 요 소들의 다중 공선성을 확인해 본 결과 문제가 있는 것으로 나타났 다. 다중 공선성의 지표로는 흔히 공차(tolerance)와 VIF(Variance Inflation Factor: 팽창계수)가 자주 사용된다. 일반적으로 공차(公

差)는 1에 근접할수록 좋은 것으로, 1에 근접한 값을 가지면 다중 공선성이 없는 것으로 판단한다. 그리고 팽창계수도 역시 1에 가까운 값일 때 다중 공선성이 없는 것으로 간주하며, 동시에 팽창계수가 10 이상이 되면 분명한 다중 공선성이 있는 것으로 간주해야 한다(양병화, 1998). **표 24**에서 보면, 팽창계수 값이 10 이상이어서 확실한 다중 공선성이 있다고 간주할 결정 요소는 없지만, 일부 결정 요소는 다소 불량한 수치를 보이는 것이 있다. 우선 '고과자 신뢰' 요소는 팽창계수가 5.08로서 다중 공선성이 의심된다. 그러나 회귀계수의 크기와 유의미성이 탁월하므로 이 변인과 상관이 매우 높은 다른 변인을 제거함으로써 이 요소의 다중 공선성을 줄여 볼 필요가 있었다. '고과자 신뢰' 요소와 상관이 너무 높아서 다중 공선성을 유발할 가능성이 가장 확실한 요소는 역시 '참여 및 피드백' 요인일 것이다. '참여 및 피드백' 요소는 '고과자 신뢰' 요소와 상관 관계가 0.755로서 매우 높았고, 동시 공차도 상당히 낮게 나왔다 (0.225). 또한 '평가의 객관성' 요소도 다중 공선성이 의심되는 수준이었다. 상관 계수를 살펴본 결과 역시, 거의 모든 고과 시스템 특성 범주에 속하는 요소들과 매우 높은 상관을 가지고 있었다 (0.51-0.75: **부록 3** 참조). 따라서 사기업 표본을 대상으로 하는 차후 분석에서는 이 두 가지 요소를 제외시키기로 했다.

표 25는 정부 기관 표본 자료를 통해 획득된 회귀 분석 결과이다. 표를 보면 알 수 있듯이, 다중 공선성 유발 가능성이 높은 결정 요소가 앞서 분석한 사기업 표본에서와 유사한 것임을 알 수 있다. 즉, 정부 기관 표본 분석에서도 역시 '참여 및 피드백'

요소와 '평가의 객관성' 요소가 공차와 팽창계수 값을 통해 다중 공선성이 있을 가능성이 크다는 사실을 알 수 있었다. 동시에 이 두 요소는 표준화된 회귀계수의 크기도 상대적으로 미약하고, 동시에 다른 인접 요소들과 매우 높은 상관관계를 가지고 있는 것으로 확인되었다(**부록 3 참조**).

　정부 기관 표본 분석 결과에서 보면, 이 두 가지 결정 요소 외에도 다중 공선성이 의심되는 변인이 한 가지 더 있었다. 그것은 '고과 제도 개발 시 직원 참여' 요소였다. 이 요소의 공차는 0.248로 매우 낮았고, 팽창계수도 4.03으로 위험한 수준이었다. 그러나 이 요소의 경우 표준화된 회귀계수의 크기가 크고, 유의미한 관계로 추후 분석에도 포함시키기로 했다. 다만 해석할 때는 주의를 두어야 할 요소로 간주할 수 있었다.

표 25. 고과 태도에 대한 11개 결정 요소의 회귀 분석 결과(정부 기관: n=459)

범주	예측 변인	평균(표준편차)	β	tolerance	VIF
고과 시스템 특성 지각 범주	고과/면접 빈도	3.49(0.86)	.104**	.523	1.91
	경영층의 의지/노력	3.20(1.20)	.186**	.315	3.17
	고과 개발 시 직원 참여	2.72(1.13)	.103**	.248	4.03
	고과 방법/도구 적절성	3.54(0.78)	.066**	.602	1.66
	평가의 객관성	3.09(1.04)	.036	.205	4.87
	고과-보상 연계	3.61(0.91)	.062**	.632	1.58
	고과 개발 연계	3.29(1.05)	.016	.521	1.91
	이의 제기 절차	2.70(1.16)	.061*	.373	2.68
고과 과정 및 맥락 지각 범주	참여/피드백	2.99(1.00)	.145*	.177	5.65
	고과자와의 관계	3.64(0.96)	-.031	.441	2.26
	고과자 신뢰	3.53(1.03)	.400**	.200	5.01

주) *: p<.05, **: p<.01, β : 표준화된 회귀계수.

따라서 정부 기관 표본을 대상으로 하는 추후 분석에서는 사기업의 경우와 마찬가지로 '평가의 객관성', '참여 및 피드백' 등 두 개의 요소를 제외시키기로 결정했다.

다음으로 표준화된 회귀계수의 크기와 유의미성을 기준으로 개별 요소의 효과를 볼 때, 역시 '고과자 신뢰(β =.386, p<.01)'가 가장 강력한 예측 변인인 것으로 나타났다. 이 점은 사기업 분석 결과와 동일한 것이었다. 그러나 다음으로 유력한 예측 변인에 있어서는 약간 차이가 있었다. 즉 사기업 표본 분석에서 '고과 방법 및 도구의 적절성(β =.171, p<.01)'이라는 요소가 강력한 예측 변인이었으나, 정부 기관 표본에서는 아주 미약한 수준에 머물렀다(β =.066, p<.01). 반면에 정부 기관 표본 분석에서는 '경영층의 의지와 노력' 요소가 매우 강력한 예측 변인인 것으로 나타났다(β =.186, p<.01). 또한 '고과 및 면접의 빈도' 요소의 경우도 사기업 표본 분석에서는 아주 미약한 효과를 지니는 것으로 나타났으나(β =.052, p<.01), 정부 기관 표본에서는 효과의 크기 면에서 거의 두 배 정도로서 표준화된 회귀계수의 값이 도출되었다(β =.104, p<.01).

2) 고과 태도에 대한 위계적 회귀 분석

본 연구자는 각 범주별 결정 요소들의 상대적인 설명량을 확인해 보기 위해서 위계적 회귀 분석(hierarchical regression Analysis)을 실시했다. 예측 변인의 투입 순서에 대한 이론적 근거는 앞서 검증된 일반 모형의 분석 결과와 상식적인 효과 개입의 순서에 의거해서 논리적으로 결정하였다.

위계적 회귀 분석 시 예측 변인 투입과 관련해서 본 연구자가 중요하게 생각한 점은 바로 고과 태도 변인에 대한 결정 요소 외 제3의 공변인의 개입 가능성이었다. 이미 기존 연구에서 부분적으로 확인된 바와 같이 고과 시스템 및 고과 운영에 관한 직원의 태도 이를테면, 공정성이나 만족도 지각 정도는 결정 요소들 외에 직장에 대한 일반적인 만족도가 중요한 영향을 줄 수 있다는 우려가 있었다. 따라서 본 조사 질문지에도 포함시킨 '직장 만족도'를 통제 변인으로 간주하여 모형에 투입시키는 것이 바람직하다고 결정했다.

이런 맥락에서 본 연구자는 위계적 회귀 모형에 예측 변인을 투입하는 순서를 **표 26**과 같이 정하였다.

표 26. 결정 요소의 회귀 모형 투입 순서

투입 변인(총 11개 변인)
1 단계: 직장 만족도, 재직 기간
2 단계: 고과/면접 빈도, 경영층의 의지/노력, 고과 개발 시 직원 참여, 고과 방법/도구 적절성, 고과－보상 연계, 고과－개발 연계, 이의 제기 절차
3 단계: 고과자와의 관계, 고과자 신뢰

표 26에서 볼 수 있듯이, 우선 1단계에는 통제 변인 군을 투입할 것이다. 통제 변인으로는 직장 만족도와 재직 기간을 선정했

다. 2단계는 고과 시스템 특성 범주로서, 고과 및 면접 빈도, 경영층의 의지와 노력, 고과 개발 시 직원 참여, 고과 방법 및 도구 적절성 고과-보상 연계, 고과-개발 연계, 이의 제기 절차 등 총 7개 변인이 투입될 것이다. 마지막으로 3단계는 고과자 및 고과 맥락 범주로서, 여기에는 고과자 신뢰와 고과자와의 관계 등 두 개의 결정 요소가 포함된다.

표 26에서 알 수 있듯이 '참여 및 피드백' 요소와 '평가의 객관성' 요소는 투입시키지 않았다. 이 두 가지 변인의 경우는 앞서 진행된 정부 기관과 사기업 표본을 대상으로 한 회귀 분석에서 산출된 공차와 팽창계수 값이 다중 공선성을 의심할 수 있는 수준이었으므로 본 분석에서는 제외시키게 되었다. 아울러 이들 두 가지 요소는 표준화된 회귀계수의 크기도 상대적으로 미약하고, 다른 인접 요소들과 매우 높은 상관관계를 가지고 있는 것으로 확인되었기 때문에 위계적 회귀 분석 모형에서는 제외시키는 것이 바람직하다고 판단했다(**부록 3** 참조).

본 연구자는 이와 같은 예측 변인 투입 순서에 의거해 위계적 회귀 모형을 만들고, 모형의 적합도와 단계별 설명량의 변화, 그리고 각 결정 요소별 표준화된 회귀계수의 크기를 살펴볼 것이다. 사기업 표본과 정부 기관 표본별 위계적 회귀 분석의 결과를 **표 27**에 제시했다.

표 27의 위계적 회귀 분석 모형의 적합도는 사기업 표본(3단계 모형: $F=289.88$, $p<.001$)과 정부 기관 표본(3단계 모형: $F=333.07$, $p<.001$) 모두에서 매우 양호한 것으로 나타났다.

　그리고 사기업 회귀 모형의 총 설명량은 84%였고, 그중에서 통제 변인을 제외한 예측 변인들의 설명량은 66.0%인 것으로 나타났다. 정부 기관 회귀 모형의 총 설명량은 88%였고, 그중 예측 변인들의 설명량은 65.2%였다. 두 표본 모두에서 회귀 모형에 포함된 예측 변인들이 고과 태도 변량 중 상당한 부분을 설명할 수 있음이 확인되었다.

　설명량의 측면에서 보면, 우선 1단계 통제 변인의 설명량에서 큰 차이가 났다. 즉 사기업 표본에서는 통제 변인이 고과 태도 변량 중에서 약 18%를 설명하고 있는 데 반해서 정부 기관 표본에서는 24%를 설명하고 있었다. 즉 정부 기관에서 근무하는 직원들이 고과에 대해서 가지고 있는 태도는 고과 이외의 변인 즉 직장 전반에 대한 일반적인 만족도나 재직(在職) 기간에 의해서 결정되는 비율이 상대적으로 큰 것으로 나타났다. 또한 3단계인 고과자 및 맥락 변인의 설명량은 오히려 사기업의 경우에 약 두 배 정도 큰 것으로 나타났다(6.6%: 10.3%). 반면에 2단계 고과 시스템 특성 범주에 속하는 결정 요소들의 설명량은 큰 차이가 없는 것으로 나타났다.

130

표 27. 고과 태도에 대한 위계적 중다 회귀 분석 결과

투입 단계	결정 요소	사기업		정부 기관	
		β	R^2 변화량	β	R^2 변화량
1 단계	직장 만족도	.028	.184**	.030	.239**
	재직 기간	−.037*		−.017	
2 단계	고과/면접 빈도	.069**	.557**	.119**	.586**
	경영층의 의지/노력	.149**		.189**	
	고과 개발 시 직원 참여	.087**		.135**	
	고과 방법/도구 적절성	.188**		.071**	
	고과−보상 연계	.021		.061**	
	고과−개발 연계	.090**		.025	
	이의 제기 절차	.064**		.080**	
3 단계	고과자와의 관계	−.019	.103**	.030	.066**
	고과자 신뢰	.495**		.420**	
누적 설명량		84%		88%	

주) *: p<.05, **: p<.01

각 결정 요소들의 상대적인 기여도라고 볼 수 있는 표준화된 회귀계수를 비교해 보면 더욱 흥미 있는 양상이 나타난다. 우선 사기업에서 근무하는 직원들이 고과 제도 혹은 고과 운영의 지각된 공정성 내지 만족도는 주로 '고과 방법 및 도구의 적절성(β =.188, p<.01)' 요소와 '경영층의 의지 및 노력(β =.149, p<.01)' 요소에 의해서 결정되는 비율이 상대적으로 큰 것으로 나타났다. 반면에 정부 기관에서 일하는 직원들의 고과 태도는 '경영층의 의지/노력(β =.189, p<.01)' 요소, '고과 개발 시 직원 참여(β =.135, p<.01)' 요소, 그리고 '고과 및 면접 빈도(β =.119, p<.01)' 요소에 의해 주로 결정되는 것으로 확인되었다.

　즉 정부 기관의 직원들의 고과 태도를 우호적으로 변화시키는 데에는 정확한 고과를 위한 상급 관리자들의 가시적인 의지나 노력, 그리고 고과 제도를 개발하는 장면에의 적극적 직원 참여 보장 등의 실천적 대안이 효과적일 수 있으며, 아울러 보다 자주 만나 직원의 수행에 관해 의견을 주고받고 또 평가할 수 있는 기회를 제공하는 것이 효과적일 것으로 추측할 수 있다.

　반면에 사기업의 경우에는 직원들이 고과에 대해서 우호적인 태도를 갖게 하려면, 무엇보다 고과 방법 및 도구를 보다 과학적이고 객관적이고 또 가능하면 단순하게 설계하여 자신들을 평가하는 잣대가 믿을 만한 것이라는 확인을 심어주고, 동시에 정확한 고과에 관한 경영층 내지 상급 관리자의 의지를 분명하고 가시적으로 홍보해 주는 전략이 필요할 것이다.

3. 연구 Ⅲ의 결과 요약

　연구 Ⅱ에서 확인된 인사 고과 체계에 대한 태도 결정 과정에 관한 인과적인 구조 모형(수정 모형)이 기업 유형별로 구분한 독립적 표본에서도 충분히 적용가능한지에 관해서 분석해 보았다. 분석 결과, 인과 모형은 사기업 표본과 정부 기관 표본 모두에서 충분한 부합도를 나타내고 있었다. 그러나 구조 모형 내 각 경로계수의 크기는 두 표본 간에 유의미한 차이가 나타남을 확인할 수 있었다. 특별히 차이가 두드러진 경로를 살펴보겠다. 우

선 고과 태도에 대한 고과 체계 및 도구의 적절성 요인의 직접
효과는 사기업 표본에서만 유의미한 것으로 나타났다. 반면에 고
과 태도에 대한 고과 민주성 요인의 효과는 두 표본 모두에서
유의미한 수준이었으나, 정부 기관 표본에서 더 큰 것으로 나타
났다. 또한 고과자 및 고과 맥락 요인에 대한 고과 체계 및 도구
의 적절성 요인의 효과는 사기업 표본에서 매우 두드러지게 높
았다. 모형 검증과 더불어 위계적 회귀 분석도 추가적으로 실시
했다. 그러나 위계적 회귀 분석 결과는 모형 검증 결과와 크게
다르지 않았다.

V. 논 의

　본 연구는 회사의 고과 체계에 대한 직원들의 태도를 결정하는 요소와 과정에 관한 일반 모형을 개발하고자 했다. 이를 위해서 먼저 기존 연구를 통합하여 고과 체계와 운영에 관한 직원의 인식을 조사할 수 있는 척도를 개발했다. 제작한 척도를 바탕으로 고과 태도 결정 모형을 개발했으며, 독립적인 표본을 대상으로 교차 타당화 분석을 실시했다. 아울러 위 과정을 거쳐서 검증된 모형을 바탕으로 조직 유형별 적용 가능성을 탐색해 보았다.

　이번 장에서는 본 연구에서 확인된 핵심적인 결과들을 정리하고, 그 결과가 지니는 의미에 대해서 논의해 보고자 한다.

고과 태도 결정 요소의 구조

　기존 연구들에서 고과 태도의 결정 요소인 것으로 밝혀진 다수의 측정 변인들을 통합해서 포괄적인 진단 척도를 개발해 보았다. 연구 결과, 정부 기관이나 사기업 여부를 막론하고 직원들의 인식으로는 고과 체계에 대한 태도 및 개별 고과 태도 결정 요소들이 외국의 경우처럼 명확하게 구분되어 있지 않았다. 물론 자료 분석 과정에서 독립적으로 구분시킬 수 있는 잠재 요인의 존재와 그 효과가 확인되기는 했으나, 본 연구자의 생각으로는 아직까지도 우리나라 기업에서 일하는 직원들의 머릿속에는 본 연구 결과에서 밝혀진 요인보다 훨씬 상위의 일반 요인(g-factor)이 자리하고 있는 것으로 보인다. 이 일반 요인의 효과는 매우 광범위해서 거의 모든 고과 관련 인식 내용에 영향을 주고 있는 것으로 보인다. 이처럼 미분화된 직원들의 태도가 형성된 데에는 역시 고과 체계의 구성과 운영에서 과학적이고 체계적인 접근을 시도하지 않았던 기업의 무관심이 크게 작용한 것으로 볼 수 있다. 그러나 본 연구의 목적이 단순한 실태 파악이 아니고 향후 고과 제도의 마련과 운영에서의 발전 방향을 모색하고 적합한 실천 대안을 찾는 데 있다는 점에서 보면 모호한 현상 자체를 기술하는 데 멈추어서는 안 되고 보다 세부적이고 구체적인 분석과 해석이 필요할 것으로 생각할 수 있다. 이런 맥락에서 본 연구에서 확인된 고과 태도 결정 요소의 구조를 설명해 보겠다.

정부 기관과 사기업 표본에서 획득한 자료의 분석 결과, 연구자가 상정했던 총 18개의 고과 태도 결정 요소들은 세 개의 잠재 요인으로 구성된 구조를 가지고 있었다. 여기서 본 연구에서 확인된 고과 태도 결정 요소의 잠재 요인으로 밝혀진 내용을 정리해 보겠다.

첫 번째 요인은 '고과자 및 고과 맥락' 요인이었다. 이 요인은 주로 고과자 특성에 대한 직원들의 지각을 측정하는 요소들로 구성되어 있다. 고과 태도 결정 요소들 중에서 고과자의 고과 능력이나 정확하고 공정하게 고과할 의지가 있는가 등을 포함하는 고과자 관련 신뢰가 가장 중요한 잠재 요인인 것으로 확인되었다. 요인 설명량이 나머지 두 요인에 비해서 상대적으로 매우 큰 것으로 미루어 보아 직원들은 고과 체계나 고과 운영에 대한 평가를 할 때 역시 고과를 실제 운영하는 '사람(고과자)'의 요인을 가장 비중 있게 고려하고 있다는 점을 알 수 있었다. 이런 점으로 미루어 볼 때 고과에 관한 직원들의 평가를 우호적으로 형성하려는 기업은 우선 직원들이 가장 중요하게 여기는 요소인 고과자의 고과 능력과 의지를 제고시킬 수 있는 방안을 모색하여 실천해야 할 것이다.

두 번째 요인은 '고과 체계 운영의 민주성' 요인이었다. 이 요인은 고과 체계 개발 시 직원 참여가 얼마나 이루어졌는가에 관한 지각, 고과 결과에 불만족이 생길 경우 이의 제기 절차를 현실적으로 사용할 수 있는가에 관한 지각, 정확한 고과를 하기 위해서 다면적으로 정보를 수집해서 사용하는가의 여부 그리고 고과 결과를 자기 개발과 연계시키려는 노력들이 이루어지는지에 대한 직원의 지각 등이 포함되어 있었다. 전반적으로 회사의 고과 체계를 마련하고 운영하는 전 과정에서 직원이 주인으로서의 역할을 수행하고 있는지에 대한 직원들의 지각이 두 번째 잠재 요인인 것으로 확인되었다. 전반적으로 이 두 번째 요인은 고과 체계의 객관적인 특성에 관계된 것으로 고과 체계를 새롭게 마련하거나 개선하려는 기업에서 특별히 설계 당시부터 이러한 민주적 또 참여적 특성에 관한 직원들의 요구를 분명하게 반영할 수 있도록 해야 할 것이다.

세 번째 요인은 '고과 도구 및 체계의 적절성' 요인이었다. 이 요인은 고과 차원 및 기준이 얼마나 분명한지에 관한 지각을 핵심적인 요소로 포함하고 있었다. 몇몇 실태 조사나 상식적인 생

각과는 달리 이 요인의 비중은 그다지 크지 않았다는 점은 다소
의외의 결과였다.

이와 같은 3요인 구조는 기존 연구 결과와 비교해 볼 필요가
있다. 최근에 고과 시스템에 대한 태도 모형을 개념적인 수준에
서 제안한 바 있는 Dickinson(1993)은 고과 체계에 대한 직원들
의 태도에 영향을 주는 고과 관련 결정 요소들을 '고과 시스템
특성'이라는 하나의 범주로 묶어서 설명했다. 그러나 본 연구에서
확인한 바에 따르면 아래와 같은 세 가지 요인으로 Dickinson(1993)
의 '고과 시스템 특성' 범주를 세분화시킬 수 있음이 밝혀진 것이
다. 반면에 본 연구 결과는 다양한 고과 관련 요소들을 요인 분
석을 통해 접근해 본 Giles와 Mossholder(1990)의 연구 결과와는
유사한 점이 있었다. 즉 이들의 연구 결과에 따르면 여러 가지
고과 태도 결정 요소들이 크게 두 가지 요인 즉 '시스템 맥락 특
성' 요인과 '고과자 및 고과 과정' 요인으로 구분될 수 있음을 확
인하기도 했던 것이다. 이들이 사용했던 고과 태도 결정 요소들
이 본 연구와 동일한 것이 아니었기 때문에 결과를 수평적으로
비교하는 데는 무리가 있을 것이지만, 잠재 요인으로 확인된 바
가 본 연구 결과와 내용적으로는 상당히 유사했다.

전반적으로 결정 요소의 잠재 구조 분석 결과에서 흥미 있는
양상으로 나타난 것은 역시 우리나라 기업에서 근무하는 직원들
은 고과 시스템이나 도구와 같은 하드웨어적인 측면보다는 오히
려 고과자의 능력 및 의지 혹은 민주성과 같은 절차적이고 소프
트웨어적인 측면을 중시하고 있다는 점이었다. 즉 하드웨어적인

개선에 초점을 맞추는 것보다 오히려 직원의 참여와 동의를 바탕으로 민주적 절차를 공동으로 개발하고, '고과'라는 강력한 무기를 지닌 고과자의 자질에 대한 신뢰 구축이 무엇보다 중요하다는 사실은 고과 제도의 개선을 추구하는 많은 실무자나 고과 관련 주제를 연구하는 학자들에게 중요한 함의를 제공하고 있는 것이다.

고과 체계에 대한 직원들의 태도 결정 모형

전체 표본을 무선 분할하여 연구 표본과 교차 타당화 표본을 구성하여 연구를 진행하였다. 연구 표본을 가지고 고과 태도 결정 모형을 개발하였으며, 교차 타당화 표본 분석을 통해 모형의 일반화 가능성을 검증하였다.

연구 표본을 통해 개발된 모형을 보면, 고과에 대한 직원들의 태도 결정 요인 중에서 가장 효과가 큰 것은 역시 '고과자 및 고과 맥락 특성' 요인이었다. 이 요인은 고과 태도에 관한 직접 효과와 더불어 나머지 두 가지 결정 요인들의 효과를 매개하는 역할도 수행하고 있었다. 인사 고과에서 '고과자'라는 존재는 역시 최종적인 고과 결과가 나오는 출구라고 할 수 있다는 점에서 생각하면 공정한 고과의 실현을 위해서 '고과자'가 지니는 중요성은 부언할 필요가 없을 것이다. 또한 '고과 도구 및 체계의 적절성' 요인이 고과 태도를 결정하는 효과의 수준은 생각보다 작았다는 점 또한 주목해 볼 만한 결과였다. '고과 민주성' 요인의 효과는 중간 정도인 것으로 나타났다. 결국 '고과 민주성' 요인과 '고과자' 요인이 고과에 대한 직원들의 태도 변량 중 거의 대부분을 설명하고 있는 것으로 확인되었다.

이러한 결과는 기존 연구들에서 확인될 결과와 차이점이 있다. 고과 수용도를 종속 변수로 삼아 여러 가지 결정 요소의 효과를 살펴본 Kavanaugh 등(1983)의 연구 결과나 Vance 등(1982), Dipboye 등(1981)의 연구 결과들에 나타난 바에 따르면 가장 유력한 결정 요소는 역시 '고과 요소의 직무 관련성'이나 '고과의 빈도', 그리고 '고과 결과의 피드백 및 토론' 등이었다. 그런데 이들 요소들은 본 연구의 결정 요소 범주에 따르면 '고과 도구 및 체계의 적절성' 요인이나 '고과 민주성' 요인에 해당하는 요소들인 것이다. 이러한 양상은 '고과 공정성'을 종속 변수로 삼아 연구했던 Landy 등(1978)의 연구 결과에서도 나타났다. 결과적으로 '고과자 및 고과 맥락 특성'이 미치는 효과가 가장 크게 나타난 본 연구 결과는 고과 태도 결정 과정에도 명백하게 문화적 차이가 반영된다는 점을 시사하는 것으로 볼 수 있었다. 또한 이러한 본 연구의 결과는 간접적으로는 조직의 문화적 차이와 특성이 고과에 대한 직원의 태도에 큰 영향을 줄 것이라고 주장한 Davis와 Dickinson(1987)의 연구를 지지하는 결과라고 볼 수도 있을 것이다.

또한 자주 개념적인 혼란을 야기하기도 했던 고과 공정성과 고과 수용도 그리고 고과 만족도라는 세 가지 핵심 태도 변인들 사이의 관계에 관한 검증도 이루어졌다. 검증 결과, 이 세 가지 변인들은 적어도 현재로서는 분명하게 구분되어 있지 않은 개념들이었다고 결론지을 수 있었다. 세 가지 고과 태도 변인 간 상관관계도 매우 높을 뿐만 아니라 이 세 가지 변인을 한 개의 공통 변량으로 설명할 수 있음이 상관과 요인 분석 결과를 통해서 확인되었다. 이런 결과는 아직도 우리들에게는 공정성이라는 개념이 전반적으로 '좋다'는 일반적인 태도와 정확하게 구분되는 개념이 아닐 것이라는 조심스런 생각을 가지게 만들었다. '좋은' 것이 곧 '옳은' 것이고 또한 '받아들일 수 있는' 것이라는 일반인들의 다소 모호한 인식 체계는 비단 고과에 대한 태도에 국한할 수 있는 것이라기보다는 '사람'과 '대상'에 관한 우리의 인식 체계의 특성이 반영된 결과로 보아야 할 것이다. '고과자'라는 사람에 대한 인식이 따라서 거의 그대로 '고과'라는 대상에 대한 인식으로 전이되는 것은 어찌 보면 우리에겐 매우 자연스러운 것일 수도 있다.

이러한 점은 비단 우리나라에서만 나타나는 특이한 현상이라고 볼 수는 없을 것이다. 다른 나라에서 진행된 여러 연구들을 보아도 본 연구에 포함된 세 가지 태도 종속 변수를 동시에 사용하여 관계를 검증한 바는 없었으나, 고과 공정성이나 고과 정확도, 혹은 고과 수용도를 한 개념으로 간주하여 측정했던 사례가 자주 있을 정도였다. 뿐만 아니라 갖가지 고과 관련 태도 변인에 대한 '참여'의 효과를 메타 분석 방법을 통해 연구했던 Cawley와 Keeping, 및 Levy(1998)에 따르면, '참여'와의 상관계수의 크기 면에서 볼 때, 고과 공정성(ρ =0.64)과 고과 만족도(ρ =0.59)가 명백하게 구분하기 힘든 개념일 수 있다는 점을 유추할 수 있다.

이러한 고과 태도 결정 모형은 연구 표본에서와 마찬가지로 교차 타당화 표본에서도 수용 준거 이상의 부합도를 가지고 있는 것으로 확인되어, 다른 표본에 대한 모형의 일반화가 가능할 것이라는 확신을 가질 수 있게 되었다.

고과 태도 결정 모형의 적용

본 연구 표본(n=511)을 통해 개발하여 교차 타당화 표본(n=552)에서 타당성이 검증된 모형이 과연 개별 기업의 고유한 특성으로부터 얼마나 자유로운지를 검증해 보았다. 만일 기업의 특성이 다를 경우 모형의 부합도나 설명량이 크게 달라진다면 현상에 대한 일반적인 설명의 틀로서의 모형이 지니는 기능은 상당 부분 줄어들 것이기 때문이었다. 이런 이유로 본 연구자는 전혀 특성이 다르다고 여겨지는 정부 기관과 사기업 유형으로 표본을 분할하여 모형의 적용 가능성을 검증해 보았다.

분석 결과는 결론적으로 말해서 매우 양호한 모형 부합도가 산출되었고, 이는 곧 본 연구를 통해 개발된 모형이 기업 특성에서 어느 정도 자유로운 일반 모형이 될 수 있음을 보여주는 것이라고 확신하게 되었다.

그러나 모형의 부합도가 성격을 달리하는 두 개의 표본에서 모두 양호한 수준으로 산출되었다는 사실이 모형에 포함된 제(諸) 변인들 사이의 관계성이 전적으로 동일하다는 것으로 해석되어서는 안 될 것이다. 이러한 점은 모형에 포함된 제 변인 사이의 경로계수가 두 표본에서 유의미하게 다르다는 사실에서 확인할 수 있을 것이다.

우선 고과에 대한 직원에 태도 수준에 대해서 '고과 체계 및 도구의 적절성' 요인이 미치는 효과는 사기업 표본에서만 유의미한 수준인 것으로 나타났다. 전반적으로 이 요인이 고과 태도에 미치는 효과는 다른 요인에 비해 작은 수준이었으나, 사기업의 경우는 고과 방법이나 도구의 우수성이 최종적인 고과 태도에 미치는 효과가 정부 기관보다 훨씬 큰 것으로 확인되었다. 사실 정부 기관의 경우는 사기업처럼 다양한 형태의 고과 도구나 체계를 실험적으로 도입하여 실시하는 데 어려움과 저항이 많았기 때문에, 직원들이 경험한 고과의 도구 및 체계가 충분히 다양하지 못할 것이기 때문에 고과 태도의 차이로 이어질 만한 크기의 개인차를 기대하기 힘들 것이라는 설명도 가능하리라고 생각한다.

또한 흥미 있는 사실은 '고과 운영의 민주성' 요인이 고과 태도에 미치는 효과가 정부 기관에서 훨씬 컸다는 점이었다. 물론 이 효과는 '고과자 및 고과 맥락' 요인을 거친 간접적 효과의 비중이 크긴 했지만, 전반적으로 운영상의 '민주성'이 지니는 효과는 정부 기관에서 상대적으로 유의미한 수준이었다. 이처럼 '고과 민주성' 요인이 정부 기관에서만 유의미한 효과를 가지는 이유는 사기업과는 다른 정부 기관의 독특한 조직 특성에서 찾아야 할 것이다. 즉 정부 기관에서 일하는 직원들은 자신이 직접 고과 체계를 마련하는 데 직접 참여하지 못하고, 이의 제기 절차는 거의 완전한 신분 보장과 연공에 따른 처우로 인해서 별로 기능적 의미를 지니지 못하는 상황이며, 아울러 고과 결과가 직원의 역량 개발과 연계되지 못하는 상황으로 인식하고 있을 가능성이 매우 크고, 그 부분에 대한 아쉬움이나 바람이 조직의 고과 체계에 대한 우호도를 결정하는 데 크게 기여하는 것으로 볼 수 있을 것이다.

이러한 결과를 놓고 보면, 고과 방법 및 도구의 단순화 및 과학화를 통해서 고과에 대한 우호성을 높여 보려는 시도는 정부 기관의 경우보다는 사기업의 경우에 더욱 효과적일 수 있다는 것이다. 같은 논리로 정부 기관의 경우는 절차적 민주성을 고과 체계 속에 구현하는 것이 고과 태도를 제고시키는 효과적인 전략 방향이 될 것으로 생각할 수 있을 것이다.

상기한 차이에도 불구하고 두 표본 모두에서 고과 태도가 이직 의도에 미치는 직접 효과의 크기가 매우 미약했고, 동시에 고과 태도를 결정하는 가장 중요한 요인은 두 표본 모두에서 공히 '고과자 및 고과 맥락' 요인인 것으로 나타났다. 이 점은 해석의 여지가 있다. 즉 회사에 다니는 우리나라 직원들은 자신의 고과 결과가 자신의 실제 수행보다는 자신을 평가하는 고과자에 의해 충분히 달라질 것이라고 생각하는 경향이 있는 것으로 볼 수 있다. 따라서 자신의 고과자가 충분한 고과 의지와 능력을 가지고 있는지의 여부가 고과 결과에 대한 믿음과 고과 제도 자체에 대한 태도에 영향을 크게 주는 것으로 생각할 수 있을 것이다.

연구의 제한점

본 연구를 통해서 획득된 연구 결과는 몇 가지 명백한 제약 내에서 해석되어야 할 것이다. 먼저 자료 분석에 사용한 모든 측정치들을 본질적으로 개별 직원들의 주관적인 지각에 토대를 두고 있다. 따라서 개인의 주관적 편파로부터 완전히 자유로울 수는 없으므로 결과 해석 및 일반화에 신중을 기해야 할 것이다. 만일 대규모 전국 조사를 통해서 상이한 고과 체계 및 운영 특성을 지닌 많은 수의 기업으로부터 자료를 얻을 수 있다면 보다 객관적인 자료 획득과 추론이 가능할 것이다.

다음으로는 유사한 맥락에서, 본 연구에 포함된 표본이 다양하지 못했다는 점이다. 즉 정부 기관 표본은 거의 전부가 철도청 표본이었고, 사기업 표본 역시 불과 5개의 기업 직원들로부터 획득한 것이었으므로 이들이 사기업과 공기업에서 일하는 모든 직원들을 대표한다고 말하기는 어려울 것이다. 따라서 본 연구자의 바람으로는 향후에 본 연구에서 확인된 고과 태도 결정 모형을 대규모 전국 표본을 대상으로 한 교차 타당화 작업이 이루어질 수 있기를 희망한다.

세 번째는 본 연구는 표본 추출 방식에 있어서 명백한 오류를 지니고 있다. 즉 현실적인 여건으로 인해서 응답자의 인구 통계학적 특성 - 이를테면, 성별이나 재직 기간 등 - 과 기업 특성 - 이를테면, 기업의 규모나 업종 등 - 을 고루 반영시킨 확률 표본 추출을 실시하지 못했다는 점이다. 다소 어렵더라도 체계적인 표본 추출 방식을 사용하여 연구 변인 이외의 다양한 개인차 변인이

144

나 기업 특성 변인의 효과를 최대한 통제하는 것이 바람직했다고 본다. 본 연구자 역시 이 점을 무시한 것은 아니나 자료 조사 시점이 인사 고과 내지 직원들에 대한 평가와 관련해서 상당히 민감한 시기였으므로 원천적으로 기업 인사 담당자들로부터 전폭적인 지지를 얻고 실시하기가 불가능했다는 점도 있었다.

끝으로 본 연구자가 인과관계를 구명한다는 명백한 목표를 가지고 있음에도 불구하고 횡단적(Cross-sectional) 연구를 수행했다는 점이다. 원칙적으로 인과관계에 관한 보다 정확한 결과를 얻어내기 위해서는 다소 시간과 비용 면에서 어려움이 있더라도 종단적(longitudinal) 연구를 실시하는 것이 바람직했다고 볼 수 있을 것이다. 실제로 Nathan과 Mohrman, 및 Milliman(1991)은 고과자와 피고과자와의 평소 인간관계가 고과에 대한 태도에 유의미한 영향을 준다는 사실을 수개월에 걸친 종단 연구 방법으로 확인해 내는 성과를 보이기도 했다. 이런 맥락에서, 본 연구와 같이 인과적 모형을 기본적인 분석의 틀로 삼는 추후 연구에서는 종단적 연구를 시도하여 인과관계에 관한 보다 확실한 정보를 얻을 수 있게 되길 기대한다.

연구의 함의와 향후 연구를 위한 제언

본 연구 결과를 바탕으로 향후 인사 고과 관련 연구를 수행하려는 연구자와 현업에서 인사 고과 관련 업무를 담당하는 실무자들에게 몇 가지 명백한 제언을 할 수 있을 것이다.

고과 태도 결정의 구조 방정식 모형 분석에서 밝혀진 바와 같이 직원들의 고과 태도를 직간접적으로 규정하는 가장 강력한 요소는 역시 고과자였다. 즉 인사 고과의 공정성이나 수용도 제고를 바탕으로 소기의 기업 목표를 구현하려는 모든 실무자들은 고과자의 자질과 능력 향상을 위한 프로그램을 마련해 운영하는 것이 바람직할 것이다. 고과자로 하여금 직원에 대한 올바르고 공정한 평가의 중요성을 인식하도록 홍보하고, 실질적인 고과 능력 향상을 위한 교육 프로그램을 설계하는 일이 무엇보다 중요하다는 것이다. 물론 과학적인 고과자 교육 프로그램의 설계와 운영을 위해서는 산업 심리학자를 비롯한 관련 분야 연구자들의 관심과 노력이 필요하게 될 것이다. 이런 맥락에서 정확한 고과를 실시한 고과자에 대한 보상 체계를 마련해서 실시하는 것은 유용한 실천 대안이 될 수 있을 것이다. 또한 고과자와 피고과자가 좀더 자주 만나서 기업의 목표와 개인의 목표 간의 불일치를 해소하고 보다 건전한 동반자 관계를 구축할 수 있는 제도적 지원도 꼭 필요한 것으로 생각한다.

다음으로 인사 고과 내지는 수행 평가 관련 연구를 진행하려는 연구자들은 본 연구에서 부분적으로 확인된 고과 태도와 일반적인 조직 및 직무 관련 태도-이를테면, 이직 의도나 조직 몰입 등-사이의 관계에 대한 보다 엄밀하고 폭넓은 구명 작업에 관심을 가질 필요가 있을 것이다. 가능하다면 객관적인 수행 평가치나 계량화된 업적, 결근이나 지각과 같은 근무 태도 요소 등의 다양한 준거 변인을 선정해서 고과 태도와의 관련성을 살펴보는 것도 의미 있는 일일 것이다.

또한 본 연구에 포함되지 않는 피고과자 특성(예, 성별, 나이 등)이나 고과자 특성(예, 재직 기간, 고과 빈도 등)에 따른 변화가 있는지에 대해서도 검증해 볼 필요가 있다. 아울러 조직 문화나 풍토, 혹은 조직의 업종 유형 등과 같은 조직 특성 변인을 직접 모형에 포함시켜서, 이들 변인에 따른 변화가 있는지에 대해서도 연구해 볼 필요가 있을 것이다. 본 연구 결과에 구체적으로 제시하지는 않았으나, 단순하게 고과자 입장에서 고과를 실시해 본 사람과 그렇지 않은 사람의 고과 태도를 결정하는 요소는 각기 다를 수 있다는 증거들이 부분적으로 나타나기도 했다. 이런 가능성은 사실 Mount(1983; 1984)의 연구에서도 제기된 바 있다.

이처럼 학계와 현업 실무 담당자들의 노력이 바탕이 된다면 분명히 인사 고과에 대한 직원의 태도를 우호적으로 만들 수 있는 날이 올 것으로 확신한다. 인사 고과를 효율적으로 활용함으로써 얻어지는 과실에 대한 기대는 당연히 직원들이 공정하고 정확한 고과라고 생각하고 받아들일 수 있는 체계를 마련한 뒤로 미루어져야 할 것이다.

참고문헌

김명소(1999). 인터넷 사용 시의 flow경험과 전자상거래를 통한 구매의도와의 관계 모형 개발. **한국 심리학회지: 산업 및 조직**, 12(1), 197-225.

김성훈, 박동건(1999). 국내 기업의 수행 평가 요소에 관한 비판적 고찰. **한국 심리학회지: 산업 및 조직**, 12(1), 77-94.

김준홍(1992). **자발적 이직의 선행 변수와 과정에 관한 연구**. 석사학위논문, 서울대학교.

안희탁(1994a). **능력주의시대의 인사 고과**. 서울: 한국경영자총협회.

안희탁(1994b). **한국기업의 인사 고과실태**. 서울: 노동경제연구원.

양병화(1998). **다변량 자료 분석의 이해와 활용**. 서울: 학지사.

유태용(1999). 조직의 성격유형을 측정하기 위한 척도개발 연구. **한국 심리학회지: 산업 및 조직**, 12(1), 113-139.

이순묵(1995). 요인 분석 Ⅰ. 서울: 학지사.

이창우(1998). **인사관리의 허와 실**. 서울: 조직혁신연구소.

Alexander, S., & Ruderman, M. (1987). The Role of procedural and distributive justice in Organizational behavior. *Social justice Research*, 1, 177-198.

148

Anderson, G. C. (1993). *Managing performance appraisal systems.* Cambridge, MA: Blackwell.

Arbuckle, J. L. (1997). *Amos users' guide (Ver.3.6).* Michigan Avenue, Chicago: SmallWaters corp.

Ashford, S. J. (1989). Self-assessments in organizations: A literature review and integrative model. In L. Cummings & B. Staw (Eds.), *Research in Organizational behavior*(Vol.11). Greenwich, CT: JAI Press.

Ashford, S. J., & Cummings, L. L. (1983). Feedback as an individual resource: Personal strategies of creating information. *Organizational Behavior and Human performance,* 32, 370-398.

Austin, J. T., & Villanova, P.(1992). The criterion problem: 1917-1992. *Journal of Applied psychology,* 77, 836-874.

Austin, J. T., Villanova, P. Kane, J. S. & Bernardin, H. J. (1991). Construct validation of performance measures: Issues, development, and evaluation of indicators. In G. Ferris & K. Rowland(Eds.), *Research in personnel and human resource management* (Vol.9, pp.159-233). Greenwich, CT: JAI Press.

Balzer, W. K. (1986). Biases in the recording of performance-related information: The effects of initial impression and centrality of the appraisal task. *Organizational Behavior and Human decision processes*, 37, 329-347.

Balzer, W. K., & Sulsky, L. M. (1992). Halo and performance appraisal research: A critical examination. *Journal of Applied Psychology*, 77, 975-985.

Bannister, B. D., & Balkin D. B. (1990). performance evaluation and compensation feedback messages: An integrated model. *Journal of occupational psychology*, 63, 97-111.

Barr, S. H., Brief, A. P., & Fulk, J. L. (1981). Correlates of perceived fairness and accuracy of performance appraisals. *Academy of Management Proceedings*, 156-160.

Bartlett, C. J., & Sharon, A. T. (1969). Effect of instructional conditions in producing leniency on two types of rating scales. *Personnel Psychology*, 22, 251-263.

Bass, B. M., & Barrett, G. V. (1981). *People, Work, and organizations* (2nd Ed.). Boston: Allyn and Bacon.

Becker, B. E., & Cardy, R. :L. (1986) Influence of halo error on appraisal effectiveness: A conceptual and empirical reconsideration. *Journal of Applied Psychology*, 71, 662-671.

Bentler, P. M., & Bonett, D. G. (1980). Significance tests and Goodness of fit in the Analysis of covariance structure. *Psychological Bulletin*, 88, 588-606.

150

Bentler, P. M., & Chou, C. (1987). Practical issues in structural modeling. *Sociological Methods and Research*, 16, 78-117.

Bernardin, H. J. (1986). A performance appraisal system. In R. A. Berk(Eds.), *Performance assessment*, Batimore & London: The Johns Hopkins University Press.

Bernardin, H. J., & Beatty, R. W. (1984). *Performance appraisal: Assessing human behavior at work.* Boston: Kent.

Bernardin, H. J., & Boetcher, E. H. (1978). *The effects of rater training and cognitive complexity on psychometric error in ratings.* Paper presented at the meeting of the American Psychological Association, Toronto.

Bernardin, H. J., & Cardy, R. L. (1981). Cognitive complexity in performance appraisal: It makes no nevermind. *Academy of Management Proceedings*, 306-310.

Bernardin, H. J., & Pence, E. C. (1980). Effects of rater error training: Creating new response sets and decreasing accuracy. *Journal of Applied Psychology*, 65, 60-66.

Bernardin, H. J., &.Walter, C. S. (1977). Effects of rater training and diary keeping on psychometric error in ratings. *Journal of Applied Psychology*, 62, 64-69.

Boomsma, A. (1987). The robustness of Maximum Likelihood

estimation in structural equation models. In Cuttance, P., & Ecob, R. (Eds.), *Structural modeling by example: Applications in educational, sociological, and behavioral research.* Cambridge University Press, 160-188.

Borman, W. C. (1977). Consistency of rating accuracy and rater errors in the judgment of human performance. *Organizational Behavior and Human performance,* 20, 238-252.

Borman, W. C. (1979). Format and training effects on rating accuracy and rater errors. Journal of Applied Psychology, 64, 410-421.

Borman, W. C. (1983). Implication of personality theory and research for the rating of work performance in organizations. In F. Landy, S. Zedeck, & J. Cleveland(Eds.), *Performance measurement and theory.* Hillsdale, NJ: Lawrence Erlbaum.

Bretz, R. D., Milkovich, G. T., & Read, W. (1992). The current state of performance appraisal research and practice: Concerns directions, and implication. *Journal of Management,* 18. 321-352.

Browne, M. W., & Mels, G. (1992). *RAMONA Users' Guide.* The Ohio State University, Columbus, Ohio.

Campbell, J. P. (1983). Some possible implications of "modeling"

152

for the conceptualization of measurement. In F. Landy, S. Zedeck, & J. Cleveland(Eds.), *Performance measurement and theory*. Hillsdale, NJ: Lawrence Erlbaum.

Cardy, R. L., & Dobbins, G. H. (1994). *Performance appraisal: Alternative perspectives*. Cincinnti, OH: South-Western Publishing.

Carroll, S. K., & Schneier, C. E. (1982). *Performance appraisal and review systems: The identification, measurement and development of performance in organizations*. Glenview, IL: Scott, Foresman.

Carson, K. P., Cardy, R. L., & Dobbins, G. H. (1991) Performance appraisal as effective management or deadly management disease: Two initial empirical investigations. *Group and Organizational Studies*, 16, 143-159.

Cascio, W. F. (1987). *Applied psychology in personnel management*(3rd ed.). Englewood Cliffs, NJ: Prentice Hall.

Cascio, W. F., & Bernardin, H. J. (1981) Implications of performance appraisal litigation for personnel decisions. *Personnel Psychology*, 34, 211-226.

Cawley, B. D., Keeping, L. M., & Levy, P. E. (1998). Participation in the performance appraisal process and employee reactions: A meta-analytic review of field investigations. *Journal of Applied Psychology*, 83, 615-633.

Cawley, B. D., & Levy, P. E. (1993). *A meta-analysis of participation and satisfaction in the performance appraisal process*. Paper presented at the annual convention of the Society for Industrial and Organizational Psychology, San Francisco.

Cleveland, J. N., Murphy, K. R., & Williams, R. E. (1989). Multiple uses of performance appraisal: Prevalence and correlates. *Journal of Applied Psychology*, 74, 130-135.

Cochran, W. G. (1952). The x^2 test of goodness of fit. *Annals of Mathemetical Statistics*, 23, 315-345.

Cummings, L. L. (1976). *Appraisal purpose and the nature, amount, and frequency of feedback*. Paper presented at 84th Annual convention of American Psychological Association, Washington, D.C.

Davis, D. D., & Dickinson, T. L. (1987). Organizational and contextual determinants of the perceived utility of performance appraisals. In. M. Secunda(Chair), *Beyond current performance appraisal research: Acceptability as a new Paradigm*. Symposium conducted at the annual meeting of the American Psychological Association, New York.

154

Dayal, I. (1969). Some issues in performance appraisal. *Personnel Administration,* 32, 27-30.

DeCotiis, T. A. (1977). An analysis of the external validity and applied relevance of three rating formats. *Organizational Behavior and Human performance,* 19, 247-266.

DeCotiis, T. A., & Petit, A. (1978). The performance appraisal process: A model and some testable propositions. *Academy of Management Review,* 3, 645-646.

Dickinson, T. L. (1987). Designs for evaluating the validity and accuracy of performance ratings. *Organizational Behavior and Human decision processes,* 40, 1-21.

Dickinson, T. L. (1993). Attitudes about performance appraisal. In H. Schuler, J. L. Farr, & M. Smith (Eds.), *Personnel selection and assessment; Individual and Organizational perspectives.* Hillsdale, NJ: Lawrence Erlbaum.

Dipboye, R. L., & dePontbriand, R. (1981). Correlates of employee reactions to performance appraisals and appraisal systems. *Journal of Applied Psychology,* 66, 248-251.

Dobbins, G. H., Cardy, R. L., & Platz-Vieno, S. J. (1990). A contingency approach to appraisal satisfaction: An initial investigation of the joint effects of Organizational variables and appraisal characteristics. *Journal of Management,* 16,

619-632.

Dobbins, G. H., Platz, S. J., & Houston, J. (1994). Relationship between trust in appraisal and appraisal effectiveness: A field study. *Journal of Business and Psychology*, 7, 309-322.

Dwyer, J. C., & Dimitroff, N. J. (1976). The bottoms up/tops down approach to performance appraisal. *Personnel Journal*, 56, 349-353.

Evans, E. M., & McShane, S. L. (1988). Employee perception of performance appraisal fairness in two organizations. *Canadian Journal of Behavioral Science*, 20, 177-191.

Farh, J. L., Dobbins, G. H., & Cheng, B. S. (1991). Cultural relativity in action: A comparison of self-ratings made by Chinese and U.S. Workers. *Personnel Psychology*, 44, 129-147.

Folger, R., & Greenberg, J. (1985). Procedural justice: An interpretive Analysis of personnel systems. In K. Rowland & G. Ferris (Eds.), *Research in personnel and human resources management* (Vol.3). Greenwich, CT: JAI Press.

Folger, R., & Konovsky, M. (1989). Effects of procedural and distributive justice on reactions to pay decisions. *Academy of Management Journal*, 32, 115-130.

Folger, R., Konovsky, M., & Cropanzano, R. (1992). A due process metaphor for performance appraisal. In B. Staw & L. Cummings (Eds.), *Research in organizational behavior* (Vol.14, pp.127-148). Greenwich, CT: JAI Press.

Fulk, J., Brief, A. P., & Barr, S. H. (1985). Trust in supervisor and perceived fairness and accuracy of performance evaluations. *Journal of Business Research*, 13, 301-313.

Giles, W. F., Findley, H. M., & Feild, H. S. (1997). procedural fairness in performance appraisal: Beyond the review session. *Journal of Business and Psychology*, 11, 493-506.

Giles, W. F., & Mossholder, K. W. (1990). Employee reactions to contextual and session components of performance appraisal. *Journal of Applied Psychology*, 75, 371-377.

Graen, G., & Schiemann, W. (1978). Leader-member agreement: A vertical dyad linkage approach. *Journal of Applied Psychology*, 63(2), 206-212.

Greenberg, J. (1986). Determinants of perceived fairness of performance evaluations. *Journal of Applied Psychology*, 71, 340-342.

Greenberg, J. (1990). Organizational justice: Yesterday, today, and tomorrow. *Journal of Management*, 16, 399-432.

Gulliken, H., & Tukey, J. W. (1958). Reliability for the law of Comparative judgment. *Psychometrika*, 23, 95-110.

Hedge, J. W. (1982). *Improving the accuracy of performance evaluations: A comparison of three methods of performance appraiser training.* Unpublished doctoral dissertation, Old Dominion University, Norfolk, VA.

Herold, D. M., Liden, R. C., & Leaderwood, M. L. (1987). Using multiple attributes to assess source of performance feedback. *Academy of Management Journal*, 30, 826-835.

Huse, E. F. (1967). Performance appraisal-a new look. *Personnel Administration*, 3, 16-18.

Ilgen, D. R. (1993). Performance appraisal accuracy: An illusive and sometimes misguided goal. In H. Schuler, J. L. Farr, & M. Smith (Eds.), *Personnel selection and assessment: Individual and Organizational perspectives* (pp.235-252). Hillsdale, NJ: Lawrence Erlbaum.

Ilgen, D. R., Barnes-Farrell, J. L., & McKellin, D. B. (1993). Performance appraisal process research in the 1980s: What has it contributed to appraisals in use? *Organizational Behavior and Human Decision Processes*, 54, 321-368.

Ilgen, D. R., & Feldman, J. M. (1983). Performance appraisal: A process focus. In L. Cummings & B. Staw (Eds.), ∝

158

Research in Organizational behavior (vol.5). Greenwich, CT: JAI Press.

Ilgen, D. R., Peterson, R. B., Martin, B. A., & Boeschen, D. A. (1981). Supervisor and subordinate reactions to performance appraisal sessions. *Organizational Behavior and Human Performance*, 28, 311-330.

Jacobs, R., Kafry, D., & Zedeck, S. (1980). Expectations of behaviorally anchored rating scales. *Personnel Psychology*, 33, 595-640.

Joreskog, K. G. (1969). A general approach to confirmatory Maximum Likelihood factor Analysis. *Psychometrika*, 34, 18-202.

Judge, T. A., & Ferris, G. R. (1993). Social context of performance evaluation decisions. *Academy of management Journal*, 36, 80-105.

Kane, J. S., & Lawler, E. E. (1979). Performance appraisal effectiveness: Its assessment and determinants. In B. Staw (Eds.), *Research in Organizational behavior* (vol.1). Greenwich, CT: JAI Press.

Kanfer, R., Sawyer, J., Early, P. C., & Lind, E. A. (1987). Fairness and participation in evaluation procedures: Effects on task attitudes and performance. Social Justice

Research, 1, 245-249.

Kavanaugh, M. J. (1981). Evaluating performance. In K. Rowland & G. Ferris, *Personnel Management: New Perspectives.* Boston: Allyn and Bacon.

Kavanaugh, M. J., Hedge, J., & DeBiasi, G. (1983). *A closer look at the correlates of performance appraisal system acceptability.* Paper presented at the meetings of the Eastern Academy of Management, Pittsburgh, PA.

Keeley, M. (1978). A contingency framework for performance evaluation. *Academy of Management Review,* 3, 428-438.

Klein, H. J., & Snell, S. A. (1994). The impact of interview process and context on performance appraisal interview effectiveness. *Journal of Managerial Issues,* 6, 160-175.

Landy, F. K., Barnes, J., & Murphy, K. R. (1978). Correlates of perceived fairness and accuracy of performance appraisals. *Journal of Applied Psychology,* 63, 751-754.

Landy, F. K., Barnes-Farrell, J., & Cleveland, J. (1980). Perceived fairness and accuracy of performance appraisals: A follow-up. *Journal of Applied Psychology,* 65, 355-356.

Landy, F. J., & Farr, J. L. (1980). Performance rating. Psychological Bulletin, 87, 72-107.

Latham, G. P., Skarlick, D., Irvine, D., & Siegel, J. P. (1993).

160

The increasing importance of performance appraisals to employee effectiveness in organizational settings in North America. In C. Cooper & I. Robertson (Eds.), *International review of industrial and Organizational psychology*, Chichester, UK: John Wiley.

Lawler, E. E. (1967). The multitrait-multirater approach to measuring managerial job performance. *Journal of Applied Psychology*, 51, 369-381.

Lind, E. A., & Tyler, T. R. (1988). *The social psychology of procedural justice*. New York: Plenum.

Longenecker, C. O., & Goff, S. J. (1992). Performance appraisal effectiveness: A matter of perspective. *Advanced Management Journal*, 57(2), 18-23.

Lord, R. G., & Maher, K. J. (1991). Cognitive theory in industrial and organizational psychology. In M. Dunnette & L. Hough (Eds.), *Handbook of industrial and organizational psychology* (2nd ed.) (Vol.2, pp.1-62). Palo Alto, CA: Consulting Psychologists Press.

McEvoy, G. M., & Buller, P. F. (1987). User acceptance of peer appraisals in an industrial setting. *Personnel Psychology*, 40, 785-797.

Meyer, H. H. (1991). A solution to the performance appraisal feedback enigma. *Academy of Management Executive*, 5, 68-76.

Meyer, H. H., Kay, E., & French, J. (1965). Split roles in performance appraisal. *Harvard Business Review*, 43, 123-129.

Miceli, M. P., Jung, I., Near, J. P., & Greenberg, D. B. (1991). Predictors and outcomes of reactions to pay-for-performance plans. *Journal of Applied Psychology*, 76, 508-521.

Mount, M. K. (1983). Comparison of managerial and employee satisfaction with performance appraisal system. *Personnel Psychology*, 36, 99-110.

Murphy, K. R. (1996). Individual differences and behavior in organizations: Much more than g. In Murphy, K. R.(Eds.), *Individual differences and behavior in organizations.* San Francisco: Jossey-Bass.

Murphy, K. R., & Cleveland, J. N. (1991). *Performance appraisal: An organizational perspective.* Massachusetts: Allyn and Bacon.

Murphy, K. R., & Cleveland, J. N. (1995). *Understanding performance appraisal: Social, organizational, and goal based perspectives.* Thousand Oaks, CA: Sage Publications.

Nathan, B. R., Mohrman, A. M., & Milliman, J. (1991).

Interpersonal relations as a context for the effects of appraisal interviews on performance and satisfaction: A longitudinal study. *Academy of Management Journal*, 34, 352-369.

Pooyan, A., & Eberhardt, B. J. (1989). Correlates of performance appraisal satisfaction among supervisory and nonsupervisory employees. *Journal of Business Research*, 19, 215-226.

Robbins, T. L., & DeNisi, A. S. (1994). A closer look at interpersonal affect as a distinct influence on cognitive processing in performance evaluations. *Journal of Applied Psychology*, 79, 341-353.

Roberts, K. H., & O'Reilly, C. A. (1974). Measuring Organizational communication. *Journal of Applied Psychology*, 59, 321-326.

Russell, J. S., & Goode, D. L. (1988). An Analysis of managers' reactions to their own performance appraisal feedback. *Journal of Applied Psychology*, 73, 63-67.

Sashkin, M. (1981). Appraising appraisal: Ten lessons from research for practice. *Organizational Dynamics*, 9, 37-50.

Sauser, W. I., & Pond, S. B. (1981). Effects of rater training and participation in cognitive complexity: An exploration of Schneier's cognitive reinterpretation. *Personnel Psychology*, 34, 609-626.

Schneier, C. E. (1977). The operational utility and psychometric characteristics of behavioral expectation scales: A cognitive reinterpretation. *Journal of Applied Psychology, 62,* 541-548.

Silverman, S. B., & Wexley, K. N.(1984). Reactions of employees to performance appraisal interviews as a function of their participation in rating scale development. *Personnel Psychology, 37,* 703-710.

Tyler, T. R. (1984). The role of perceived injustice in defendants' evaluations of their courtroom experience. *Law and Society Review, 18,* 51-74.

Tziner, A., & Murphy, K. R. (1999). Additional evidence of attitudinal influences in performance appraisal. *Journal of Business and Psychology, 13,* 407-419.

Vance, R. J., Winne, P. S., & Wright, E. S. (1982). *Correlates of rater and ratee reactions to a performance appraisal system.* Unpublished manuscript, Old Dominion University.

Villanova, P., & Bernardin, H. J. (1989). Impression management in the context of performance appraisal. In R. A. Giacalone & P. Rosenfeld (Eds.), *Impression management in the organization* (pp.299-314). Hillsdale, NJ: Lawrence Erlbaum.

Wayne, S. J., & Kacmar, K. M. (1991). The effects of

impression management on the performance appraisal process. *Organizational Behavior and Human Decision Processes*, 48, 70-88.

Yu, J., & Murphy, K. R. (1993). Modesty bias in self ratings of performance: A test of the cultural relativity hypothesis. *Personnel Psychology*, 46, 357-363.

부 록

부록 1. 하위 차원별 문항 번호 (채점판)

범주 구분	하위 척도명	문항 번호	문항 수
고과 시스템 특성 지각	고과 횟수의 충분함	10, *30*, 56	3
	면접 회수의 충분함	11, *31*, 68	3
	경영층의 의지/노력	12, 32, 57	3
	고과 개발 시 직원 참여	13, 33, 58	3
	고과 기준/항목 적절성	14, *34*, 48, *59*	4
	고과 기준/항목 명확성	15, *35*, 49, *69*	4
	고과 체계의 복잡성	16, *36*, *70*	3
	다면적 정보 입력	17, 37, 71	3
	수행-고과 연계	18, *38*, *72*	3
	고과-보상 연계	19, 39, 50, 60, *73*	5
	고과-개발 연계	20, 40, *74*	3
	이의 제기 절차	21, 41, 75	3
고과 과정 및 맥락 지각	고과 과정의 참여	2, *22*, 76	3
	고과자와의 관계	1, 23, 62	3
	고과 능력 및 지식	3, 24, 42, 51, 61, 77	6
	고과자의 고과 의지	4, 25, 78	3
	고과자에 대한 신뢰	43, 52, 63	5
	피드백 및 목표 설정	6, 26, 44, 53, 64, 80	6
고과 태도	고과 공정성	7, 27, 45, 54, 65, 83	6
	고과 수용도	8, 28, 46, 55, 66, 82	6
	고과 만족도	*9*, 29, 47, 67, 84, 81	6
조직 관련 태도	이직 의도	86, 88, 90 *92*, 94	5
	조직 몰입	85, 87, 89, 91, 93	5
	직장 만족도	100	1
	최근 고과 점수	101	1
	인구 통계적 변인	95, 96, 97, 98, 99	5
		문항 합계	총 101문항

주) 1. 굵은 이탤릭체로 쓰인 것은 역산 문항임.
　　 2. 밑줄이 그어진 문항은 결과 분석 시 제외시킴.

부록 2. 설문지 양식

(秘) 본 조사의 내용은 통계법 제8조
에 의거하여 비밀이 보장됩니다.

현행 인사 고과 체계에 대한 설문조사

지난 2년 동안 본 연구소에서는 국내 기업의 인사 고과 체계에 관한 광범한 조사를 실시해 오고 있습니다. 이제까지 획득된 값진 정보들은 새롭게 인사 고과 체계를 개선시키려는 기업들에게 유용한 자료로 사용되고 있습니다. 이런 정보들을 바탕으로 인사 고과 체계상의 문제점이나 운영상의 미비 사항들이 다수 개선되는 성과를 거두기도 했습니다.

객관적이고 공정한 인사 고과 체계를 마련하고 이를 효과적으로 활용하는 데는 고과 제도의 사용자인 여러분의 의견과 참여가 무엇보다 절실히 요구됩니다.

다음 장부터 설문 문항이 제시됩니다. 다소 지루하시더라도 **빠짐없이** 응답해 주시면 감사하겠습니다. 어렵게 생각하시지 마시고, 그냥 여러분이 주관적으로 느끼시는 바를 그대로 솔직하게 표시해 주시기 바랍니다. 혹시 자신에 대한 고과 결과를 확인해 보신 적이 없더라도 추측에 의거해 응답해 주시면 됩니다. 끝으로 **모든 응답 내용은 반드시 익명으로 처리될 것입니다.**

감사합니다.

행 동 과 학 연 구 소

조사자문: 박동건 교수　　　조사책임: 김성훈

(TEL: 02-3290-1636)

응답요령

이제부터 귀하가 몸담고 계신 회사의 인사 고과 체계와 관계된 문항들이 제시될 것입니다. 각각의 문항을 꼼꼼히 읽어보신 뒤 각 문항의 내용에 동의하시는 정도를 아래 척도에 따라 표시해 주시면 됩니다. 우측 해당 번호란에 동그라미나 체크(√)해 주시면 됩니다.

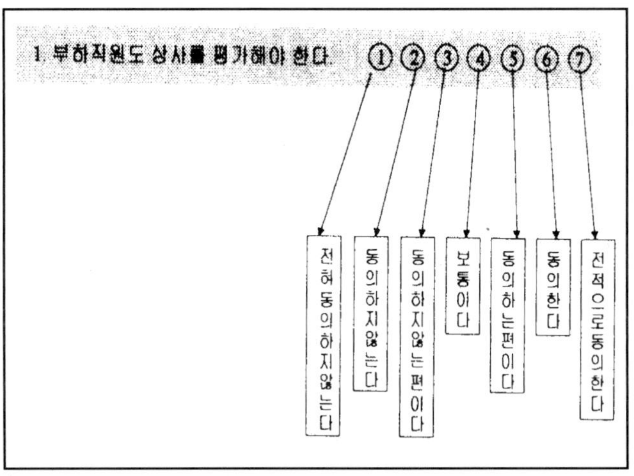

우측 해당 번호란에 동그라미나 체크(√)해 주세요.

응답 기준						
전혀 동의 안함	동의 안함	동의 안하는 편	보통임	동의하는 편	동의함	전적으로 동의
①	②	③	④	⑤	⑥	⑦

1. 평소에 고과자(흑은 고과자들)와 원만한 관계를 형성하고 있다. ①②③④⑤⑥⑦
2. 고과가 이루어지는 모든 과정에 피고과자의 의견이 충분히 반영된다. ①②③④⑤⑥⑦
3. 고과자는 내 수행을 평가하는 데 필요한 만큼 충분히 관찰한다. ①②③④⑤⑥⑦
4. 고과자는 나의 수행을 객관적으로 평가하려는 의지를 가지고 있다. ①②③④⑤⑥⑦
5. 나는 고과자를 믿는다. ①②③④⑤⑥⑦

6. 고과 시 고과자와 나는 구체적이고 세부적인 목표를 설정한다. ①②③④⑤⑥⑦
7. 내 고과자는 다른 고과자들만큼 공정하다. ①②③④⑤⑥⑦
8. 우리 회사의 고과 체계는 받아들일 만하다. ①②③④⑤⑥⑦
9. 내가 회사에 기여한 바를 생각할 때, 내 고과 점수에 만족할 수 없다. ①②③④⑤⑥⑦
10. 현재 우리 회사에서 연간 실시하는 고과의 횟수는 충분하다. ①②③④⑤⑥⑦

11. 고과를 위한 고과자와 피고과자의 면접 횟수는 충분하다. ①②③④⑤⑥⑦
12. 객관적인 고과를 위한 경영진의 의지가 확고하다. ①②③④⑤⑥⑦
13. 고과 체계를 마련하는 단계에서 직원들이 직접 참여했다. ①②③④⑤⑥⑦
14. 고과 항목으로 포함되는 내용들이 적절하다. ①②③④⑤⑥⑦
15. 각 고과 항목이 무엇을 뜻하는지 정확히 이해하고 있다. ①②③④⑤⑥⑦

16. 고과 체계의 구조와 운영에 관해서 쉽게 이해할 수 있다. ①②③④⑤⑥⑦
17. 최종적인 고과 점수가 결정되기까지 많은 사람들의 의견이 종합된다. ①②③④⑤⑥⑦
18. 최종 고과 점수는 철저하게 직원의 실제 수행에 근거해 결정된다. ①②③④⑤⑥⑦
19. 내가 받는 급여 수준은 고과 결과에 의해 결정된다. ①②③④⑤⑥⑦
20. 고과 결과에 의거해서 내가 이수할 교육 훈련의 내용이 정해진다. ①②③④⑤⑥⑦
21. 고과 결과에 대한 이의 제기가 가능하다. ①②③④⑤⑥⑦
22. 고과 과정상에 내가(본인이) 참여할 수 있는 여지는 거의 없다. ①②③④⑤⑥⑦
23. 내 고과자(혹은 고과자들)와의 평소 인간관계가 좋은 편이다. ①②③④⑤⑥⑦
24. 고과자는 내가 일을 얼마나 잘 해내는지에 대해서 잘 알고 있다. ①②③④⑤⑥⑦
25. 고과자는 정확하게 고과하려는 의지를 가지고 있다. ①②③④⑤⑥⑦

26. 나의 업무 목표는 내 능력에 맞추어 설정된다. ①②③④⑤⑥⑦
27. 다른 사람들과 비교할 때 내 고과 점수는 공정했다고 확신한다. ①②③④⑤⑥⑦
28. 고과 양식이 수용할 만한 형태이다. ①②③④⑤⑥⑦
29. 내가 투여한 노력과 기술을 생각할 때, 내 고과 점수에 매우 만족한다. ①②③④⑤⑥⑦
30. 고과 횟수는 현재보다 더 늘어날 필요가 있다. ①②③④⑤⑥⑦

우측 해당 번호란에 동그라미나 체크(√)해 주세요.

			응답 기준			
전혀 동의 안함	동의 안함	동의 안하는 편	보통임	동의하는 편	동의함	전적으로 동의
①	②	③	④	⑤	⑥	⑦

31. 고과를 위한 고과자와 피고과자의 면접은 더 자주 실시되어야 한다. ①②③④⑤⑥⑦
32. 정확한 고과를 위한 경영진의 의지가 확고하다. ①②③④⑤⑥⑦
33. 고과 체계의 개발 시 직원들의 의견이 충분히 반영되었다. ①②③④⑤⑥⑦
34. 고과 항목이 부적절하다. ①②③④⑤⑥⑦
35. 고과 항목의 의미가 애매모호하다. ①②③④⑤⑥⑦

36. 어떤 식으로 고과 체계가 운영되는지 알기 힘들다. ①②③④⑤⑥⑦
37. 충분히 많은 양의 정보들이 종합되어 고과 점수가 산정된다. ①②③④⑤⑥⑦
38. 최종 고과 점수는 직원의 실제 수행을 반영한 것으로 보기 어렵다. ①②③④⑤⑥⑦
39. 승진 여부는 상당 부분 고과 결과에 의해서 결정된다. ①②③④⑤⑥⑦
40. 고과 결과를 바탕으로 자기개발계획이 수립된다. ①②③④⑤⑥⑦
41. 고과 결과에 대한 이의 제기가 활발하게 이루어질 수 있다. ①②③④⑤⑥⑦
42. 고과자는 내가 보인 성과의 가치를 판단할 충분한 능력을 가지고 있다. ①②③④⑤⑥⑦
43. 내 고과자는 나의 수행에 대해 공정한 평가를 내린다고 생각한다. ①②③④⑤⑥⑦
44. 내 수행에 관해 고과자가 제공해 주는 정보의 양에 만족하고 있다. ①②③④⑤⑥⑦
45. 현행 고과 체계는 우수한 수행자와 열등한 수행자를 정확하게 가려낸다. ①②③④⑤⑥⑦

46. 현재 회사에서 고과 결과의 활용하는 방식은 기꺼이 받아들일 만하다. ①②③④⑤⑥⑦
47. 전반적으로 고과 점수는 내가 기여한 바에 비추어 볼 때 딱 맞는 편이다. ①②③④⑤⑥⑦
48. 고과 항목별 세부적인 평가 기준이 적절하다. ①②③④⑤⑥⑦
49. 고과 항목별 평가 기준을 명확하게 이해하고 있다. ①②③④⑤⑥⑦
50. 내가 받는 상여금은 고과 결과에 의해서 결정된다. ①②③④⑤⑥⑦

51. 고과자는 내 일에 대해서 정확하게 파악하고 있다. ①②③④⑤⑥⑦
52. 고과자는 직원을 평가함에 있어서 편견이나 사심이 없다고 믿는다. ①②③④⑤⑥⑦
53. 나와 고과자는 내 업무 성과에 대해서 충분한 시간을 가지고 논의한다. ①②③④⑤⑥⑦
54. 고과 점수는 여타 인사 관련 의사 결정을 위한 공정한 기초 자료로 쓰인다. ①②③④⑤⑥⑦
55. 나는 인사 고과로부터 많은 것을 얻는다. ①②③④⑤⑥⑦

56. 현행 고과 횟수에 대해서 만족한다. ①②③④⑤⑥⑦
57. 공정한 고과를 위해 경영진은 많은 노력을 기울인다. ①②③④⑤⑥⑦
58. 고과 체계의 운영과 관련해서 직원의 의견이 많이 반영되었다. ①②③④⑤⑥⑦
59. 고과 항목별 세부적인 평가 기준이 부적절하다. ①②③④⑤⑥⑦
60. 전반적으로 내가 받는 처우는 고과 결과에 의해 크게 좌우된다. ①②③④⑤⑥⑦

우측 해당 번호란에 동그라미나 체크(√)해 주세요.

응답 기준						
전혀 동의 안함	동의 안함	동의 안하는 편	보통임	동의하는 편	동의함	전적으로 동의
①	②	③	④	⑤	⑥	⑦

61. 고과자는 내가 한 일의 양에 대해서 정확하게 알고 있다. ①②③④⑤⑥⑦
62. 평소에 고과자(혹은 고과자들)와 많은 얘기를 주고받는 편이다. ①②③④⑤⑥⑦
63. 고과자는 나의 복지나 행복에 대해서 관심이 있다. ①②③④⑤⑥⑦
64. 나는 고과자가 내게 기대하는 바에 관해서 잘 알고 있다. ①②③④⑤⑥⑦
65. 전반적으로 나는 우리 회사의 인사 고과 체계가 공정하다고 생각한다. ①②③④⑤⑥⑦

66. 나의 강약점에 대한 고과자의 평가를 받아들이는 편이다. ①②③④⑤⑥⑦
67. 나는 최근 받은 고과 점수에 만족한다. ①②③④⑤⑥⑦
68. 고과를 위해서 면접하는 횟수에 만족한다. ①②③④⑤⑥⑦
69. 고과 항목별 평가 기준이 애매모호하다. ①②③④⑤⑥⑦
70. 전반적으로 고과 체계가 복잡해서 이해하기 힘들다. ①②③④⑤⑥⑦

71. 직속상사 이외의 직원의 의견들도 충분히 반영된다. ①②③④⑤⑥⑦
72. 실제 수행 이외의 많은 요인이 고과에 반영되는 것으로 보인다. ①②③④⑤⑥⑦
73. 나에 대한 처우와 고과와는 아무 상관이 없다. ①②③④⑤⑥⑦
74. 나의 자기개발계획이나 교육 훈련은 고과 결과와 무관하다. ①②③④⑤⑥⑦
75. 고과 결과에 대한 이의 제기 내용이 충분히 반영된다. ①②③④⑤⑥⑦

76. 최종 고과 점수는 나와 고과자 사이의 긴밀한 토론과 합의에 의거한다. ①②③④⑤⑥⑦
77. 고과자는 내 일을 하기 위한 필수 요건들에 대해서 잘 알고 있다. ①②③④⑤⑥⑦
78. 공정한 고과를 하려는 고과자의 의지가 뚜렷하다. ①②③④⑤⑥⑦
79. 고과자는 정직하게 나를 대한다. ①②③④⑤⑥⑦
80. 고과자와 나는 구체적인 업무 계획과 자기개발계획을 마련한다. ①②③④⑤⑥⑦
81. 우리 회사에서 고과가 이루어지는 방식에 만족하는 편이다. ①②③④⑤⑥⑦
82. 나의 업무 성과에 관한 고과자의 평가 결과를 받아들이는 편이다. ①②③④⑤⑥⑦
83. 고과자는 피고과자들을 평가할 때 공정한 기준을 사용한다. ①②③④⑤⑥⑦
84. 우리 회사의 고과 체계는 전반적으로 만족스러운 편이다. ①②③④⑤⑥⑦

★ 회사에 대해서 가지고 있는 느낌을 솔직하게 표시해 주십시오.

---

85. 회사의 성공을 위해 기대 이상의 노력을 할 자세가 되어 있다. ①②③④⑤⑥⑦
86. 이직할 것에 대해 신중히 생각해 본 적이 있다. ①②③④⑤⑥⑦
87. 나의 가치관과 회사의 가치관이 매우 유사하다고 생각한다. ①②③④⑤⑥⑦
88. 친구나 선배, 직업 알선 기관을 통해 다른 회사에 대해 알아본 적이 있다. ①②③④⑤⑥⑦
89. 이 회사의 장래에 대해서 관심이 매우 많다. ①②③④⑤⑥⑦

90. 다른 회사로 옮기기 위해서 그 회사 관계자와 만나본 적이 있다. ①②③④⑤⑥⑦
91. 이 회사에서 계속 일하기 위해서라면 어떤 직무가 부여되어도 받아들인다. ①②③④⑤⑥⑦
92. 가능하다면 우리 회사에서 아주 오랫동안 근무하고 싶다. ①②③④⑤⑥⑦
93. 친구에게 이 회사가 일해 볼 만한 곳이라고 거리낌 없이 말할 수 있다. ①②③④⑤⑥⑦
94. 다른 회사로 옮기기로 마음먹은 적이 있다. ①②③④⑤⑥⑦

자료 정리를 위해 필요한 기초 자료입니다.

우측이나 아래쪽 보기의 해당 번호에 직접 동그라미나 체크(√)해 주세요.

95. 귀하의 성별은 　　① 여성 　　② 남성

96. 귀사에 재직해 온 기간은?

　① 2년 이하 　② 3-5년 　③ 6-8년 　④ 9-11년 　⑤ 12년 이상

97. 귀하의 직급은?

　① 사원 　② 대리급 　③ 과장급 　④ 팀장급 　⑤ 팀장급 이상

98. 이제까지 공식적인 고과를 몇 번이나 받아 보셨습니까? (피고과자로서)

　① 1-2회 　② 3-5회 　③ 6-8회 　④ 9-11회 　⑤ 12회 이상

99. 고과자 입장에서 고과를 실시해 본 적은 몇 번입니까?

　① 해본 적 없다 ② 1-2회 　③ 3-5회 　④ 6-8회 　⑤ 9-11회 　⑥ 12회 이상

100. 전반적으로 현재 몸담고 계신 직장에 얼마나 만족하십니까? 만족하시는 정도를 솔직히 적어주십시오. 100점 만점으로 생각하면, 몇 점 정도나 만족하십니까? 직접 적어주십시오.

　　　　100점 만점에　　　약 [　　　] 점 정도

* 귀하께서 가장 최근 받은 고과 등급을 적어주십시오. 혹시 고과 등급을 직접
  확인해 보시지 않았더라도 추측에 의거해서 응답해 주셔도 좋습니다.(101번
  문항으로 간주)

등급

끝까지 응답해 주셔서 대단히 감사합니다.

* 응답 내용은 반드시 익명으로 처리할 것이고, 결과는 유용한 곳에
활용토록 하겠습니다.

부록 3. 하위 척도 간 상관관계

Ⅰ. 전체 표본(n=1,063)

고과 시스템 특성 변인 간 상관관계

	①	②	③	④	⑤	⑥	⑦	⑧	⑨	⑩
① 고과 횟수	–									
② 고과 면접	.40	–								
③ 경영 지원	.30	.39	–							
④ 개발 참여	.20	.53	.59	–						
⑤ 차원 적절	.33	.36	.46	.48	–					
⑥ 명 확 성	.24	.27	.37	.40	.60	–				
⑦ 복 잡 성	.23	.29	.34	.37	.52	.68	–			
⑧ 다면 정보	.22	.51	.60	.69	.45	.40	.37	–		
⑨ 수행 고과	.26	.42	.55	.52	.49	.46	.48	.63	–	
⑩ 수행 보상	.20	.18	.40	.28	.21	.24	.18	.39	.31	–
⑪ 고과 개발	.04	.31	.41	.52	.33	.24	.25	.52	.39	.35
⑫ 이의 제기	.14	.45	.48	.64	.35	.31	.29	.63	.51	.24

고과자 및 고과 과정 특성 변인 간 상관관계

	①	②	③	④	⑤
① 과정 참여	–				
② 상사 관계	.50	–			
③ 고과 능력	.58	.67	–		
④ 고과 의지	.59	.64	.79	–	
⑤ 상사 신뢰	.63	.66	.81	.85	–
⑥ 목표 설정	.70	.61	.78	.72	.78

Ⅱ. 사기업 표본(n＝604)

고과 시스템 특성 변인 간 상관관계

	①	②	③	④	⑤	⑥	⑦	⑧	⑨	⑩	⑪
① 고과 횟수	–										
② 고과 면접	.44	–									
③ 경영 지원	.27	.34	–								
④ 개발 참여	.20	.48	.53	–							
⑤ 차원 적절	.34	.33	.49	.50	–						
⑥ 명 확 성	.27	.25	.41	.44	.63	–					
⑦ 복 잡 성	.26	.25	.37	.42	.56	.70	–				
⑧ 다면 정보	.15	.44	.53	.64	.47	.44	.44	–			
⑨ 수행 고과	.25	.39	.50	.44	.48	.51	.51	.60	–		
⑩ 수행 보상	.14	.10	.37	.19	.16	.23	.18	.32	.25	–	
⑪ 고과 개발	.00	.28	.38	.52	.32	.25	.27	.53	.36	.30	–
⑫ 이의 제기	.15	.45	.44	.61	.35	.36	.36	.58	.49	.16	.53

고과자 및 고과 과정 특성 변인 간 상관관계

	①	②	③	④	⑤
① 과정 참여	–				
② 상사 관계	.47	–			
③ 고과 능력	.58	.68	–		
④ 고과 의지	.57	.64	.80	–	
⑤ 상사 신뢰	.60	.66	.81	.85	–
⑥ 목표 설정	.69	.59	.78	.68	.75

Ⅲ. 정부 기관 표본(n=459)

고과 시스템 특성 변인 간 상관관계

	①	②	③	④	⑤	⑥	⑦	⑧	⑨	⑩	⑪
① 고과 횟수	–										
② 고과 면접	.33	–									
③ 경영 지원	.31	.45	–								
④ 개발 참여	.18	.58	.68	–							
⑤ 차원 적절	.29	.41	.41	.46	–						
⑥ 명 확 성	.18	.27	.26	.33	.54	–					
⑦ 복 잡 성	.18	.33	.26	.31	.48	.64	–				
⑧ 다면 정보	.30	.56	.68	.75	.44	.32	.28	–			
⑨ 수행 고과	.26	.44	.59	.62	.52	.37	.43	.65	–		
⑩ 수행 보상	.26	.23	.35	.39	.29	.16	.09	.42	.34	–	
⑪ 고과 개발	.10	.36	.46	.53	.34	.23	.23	.52	.44	.48	–
⑫ 이의 제기	.12	.46	.55	.67	.34	.25	.20	.70	.53	.38	.52

고과자 및 고과 과정 특성 변인 간 상관관계

	①	②	③	④	⑤
① 과정 참여	–				
② 상사 관계	.46	–			
③ 고과 능력	.52	.61	–		
④ 고과 의지	.57	.60	.75	–	
⑤ 상사 신뢰	.62	.61	.78	.81	–
⑥ 목표 설정	.68	.55	.75	.72	.78

Ⅳ. 사기업 표본(n＝604): 변인 통합 후 상관관계

	①	②	③	④	⑤	⑥	⑦	⑧	⑨
① 고과 빈도	–								
② 경영 지원	.36	–							
③ 개발 참여	.39	.53	–						
④ 고과 방법	.38	.48	.52	–					
⑤ 수행 고과	.40	.57	.60	.61	–				
⑥ 고과 보상	.15	.37	.19	.22	.32	–			
⑦ 이의 제기	.34	.44	.61	.41	.60	.16	–		
⑧ 과정 참여	.45	.53	.59	.46	.68	.29	.62	–	
⑨ 상사 신뢰	.41	.55	.42	.48	.67	.33	.44	.75	–
⑩ 상사 관계	.27	.30	.27	.26	.42	.21	.27	.57	.70

Ⅴ. 철도 표본(n＝459)

	①	②	③	④	⑤	⑥	⑦	⑧	⑨
① 고과 빈도	–								
② 경영 지원	.46	–							
③ 개발 참여	.47	.68	–						
④ 고과 방법	.40	.37	.43	–					
⑤ 수행 고과	.53	.70	.75	.51	–				
⑥ 고과 보상	.30	.35	.39	.21	.42	–			
⑦ 이의 제기	.35	.55	.67	.31	.67	.38	–		
⑧ 과정 참여	.57	.65	.76	.45	.75	.43	.66	–	
⑨ 상사 신뢰	.52	.64	.61	.42	.70	.41	.52	.76	–
⑩ 상사 관계	.32	.33	.37	.30	.42	.29	.33	.54	.65

부록 4.

ABI/Inform Database에서 검색된 인사 고과 연구 주제별 빈도표(1985-1990)

(재인용: Sullivan, S. E., & Bhagat, R. S, 1992)

연구 주제	현장 연구	실험 연구	문헌 리뷰	설문 조사	전문 토론	사례 연구	적용 방안	계(%)
Information processing *	5	22	1		6			34(14.4)
Rater/Ratee Characteristics *	11	6	2	1				20(8.50)
Error and Accuracy *	7	11	2		8	1		29(12.3)
Feedback	8	8			1	1	3	21(8.90)
Raters/appraisal Sources *	8	3	2	2	5	1	4	25(10.6)
Rater Training *	2	1	1		2		4	10(4.20)
Formats *	3	3		2	2	2	2	14(5.90)
Reaction to Appraisals	4							4(1.70)
Legal Ramifications			3	1	1		2	7(3.00)
Social and Political Aspects	4							4(1.70)
Performance Management					2	2	7	11(4.70)
Performance Appraisal Practices	1		1	4	3	13	16	38(16.1)
Others	6		2		10		1	19(8.10)
계	59	54	14	10	40	20	39	236
(%)	(25.0)	(22.8)	(5.9)	(4.2)	(16.9)	(8.5)	(16.5)	(100)

주) *: 심리 측정적(psychometric) 측면에 관한 문헌들(총 236건 중 132건: 55.9%).

부록 5. 요인 수 세 개 지정 주축 요인 분석 결과(18요소)

결정 요소	요인 1	요인 2	요인 3
고과자에 대한 신뢰	.843	.339	.253
고과자의 고과 의지	.826	.309	.257
고과자의 능력 및 지식	.817	.314	.274
고과자와의 관계	.753	.192	.171
피드백 및 목표 설정	.699	.514	.285
고과 - 보상 연계	.400	.306	.165
고과 횟수의 충분함	.360	.135	.304
고과 개발 시 직원 참여	.295	.743	.307
다면적 정보 입력	.463	.692	.270
이의 제기 절차	.265	.714	.181
고과 - 개발 연계	.126	.655	.156
고과 과정에 참여	.534	.595	.205
수행 - 고과 연계	.422	.481	.439
경영층의 의지/노력	.500	.528	.305
면접 횟수의 충분함	.307	.517	.236
고과 기준/항목 적절성	.250	.348	.633
고과 체계의 복잡성	.195	.223	.769
고과 기준/항목 명확성	.257	.204	.792
고유근	9.83	1.35	1.28
총변산비율	54.6%	7.5%	7.1%

· 저자 ·

김성훈
(金星勳)

· 약 력 ·

고려대학교 문과대학 심리학과 졸업
고려대학교 대학원 산업심리학 석사
고려대학교 대학원 심리학 박사

한국 SHL 컨설팅 선임 연구원
머서 휴먼리소스 컨설팅 수석 컨설턴트 (이사)
 - Asia-Pacific Talent Management Practice Coordinator
 - (주)LG, LG Philips LCD, LG화학, LG전자, SKT, KTF, MetLife,
   (주)풀무원, 외환카드, 국민카드, KTB Network 등 다수 컨설팅 프로
   젝트 PM
고려대학교, 아주대학교, 경희대학교, 덕성여자대학교 강사
한국 경영자 총협회, KAIST TECHNO MBA 강사
(주)배움닷컴 총괄 사업본부장
(주)유리얼미디어 대표이사 (現)

· 주요논저 ·

「정서적 노동자의 방어기제(defense mechanism)에 관한 연구」
「인사고과의 공정성 지각에 관한 연구」
『세계 9대 컨설팅 회사 긴급 진단』(공저)
외 다수

인사 고과 체계에 대한 태도 결정

· 초판 인쇄	2007년 3월 20일
· 초판 발행	2007년 3월 20일
· 지 은 이	김성훈
· 펴 낸 이	채종준
· 펴 낸 곳	한국학술정보㈜
	경기도 파주시 교하읍 문발리 526-2
	파주출판문화정보산업단지
	전화 031) 908-3181(대표) · 팩스 031) 908-3189
	홈페이지 http://www.kstudy.com
	e-mail(출판사업부) publish@kstudy.com
· 등 록	제일산-115호(2000. 6. 19)
· 가 격	22,000원

ISBN 978-89-534-6473-5 93320 (Paper Book)
      978-89-534-6474-2 98320 (e-Book)